Andreas Achenbach
1815–1910

Seestücke

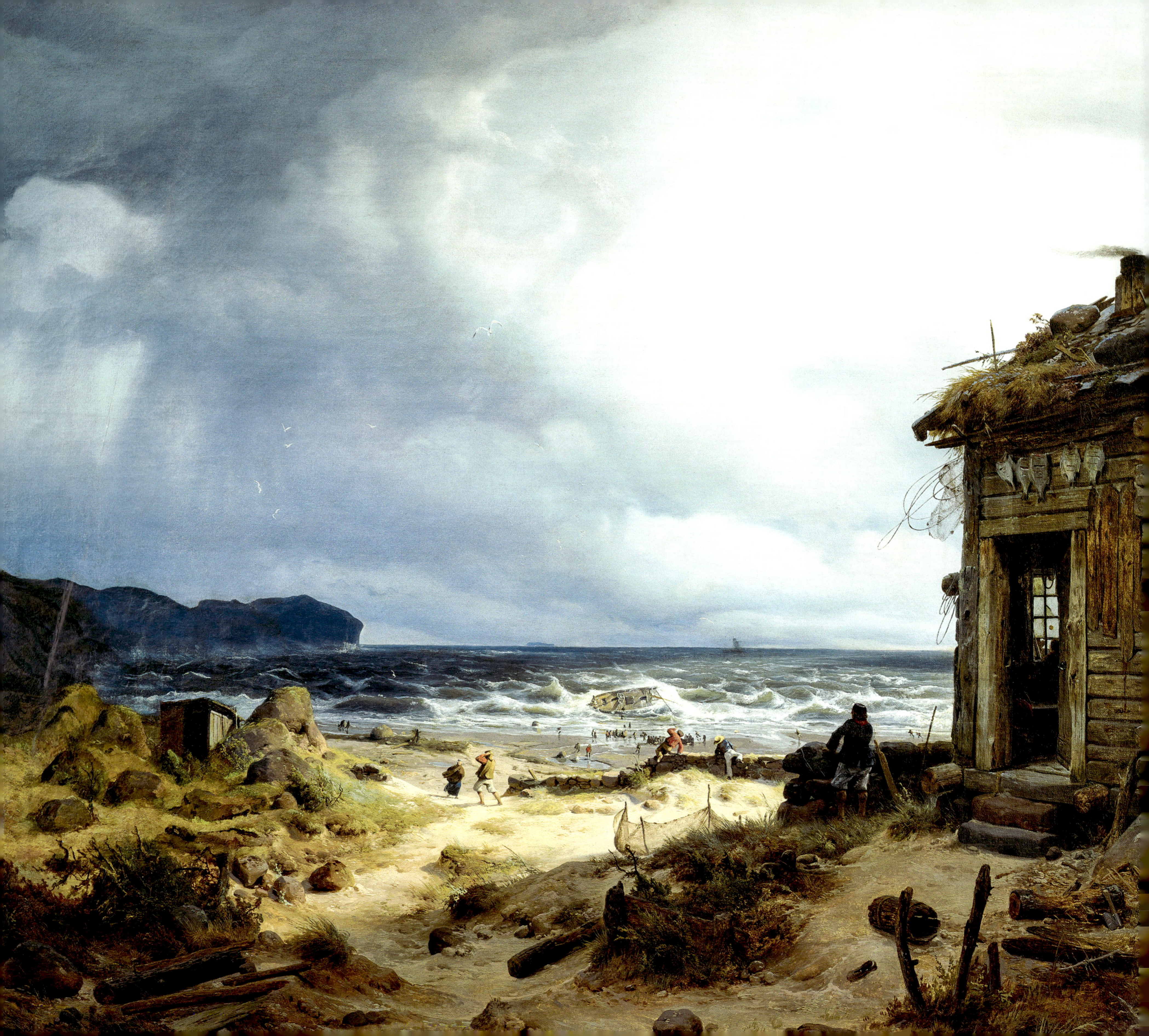

Wolfgang Peiffer

ANDREAS ACHENBACH

1815–1910

Seestücke

MICHAEL IMHOF VERLAG

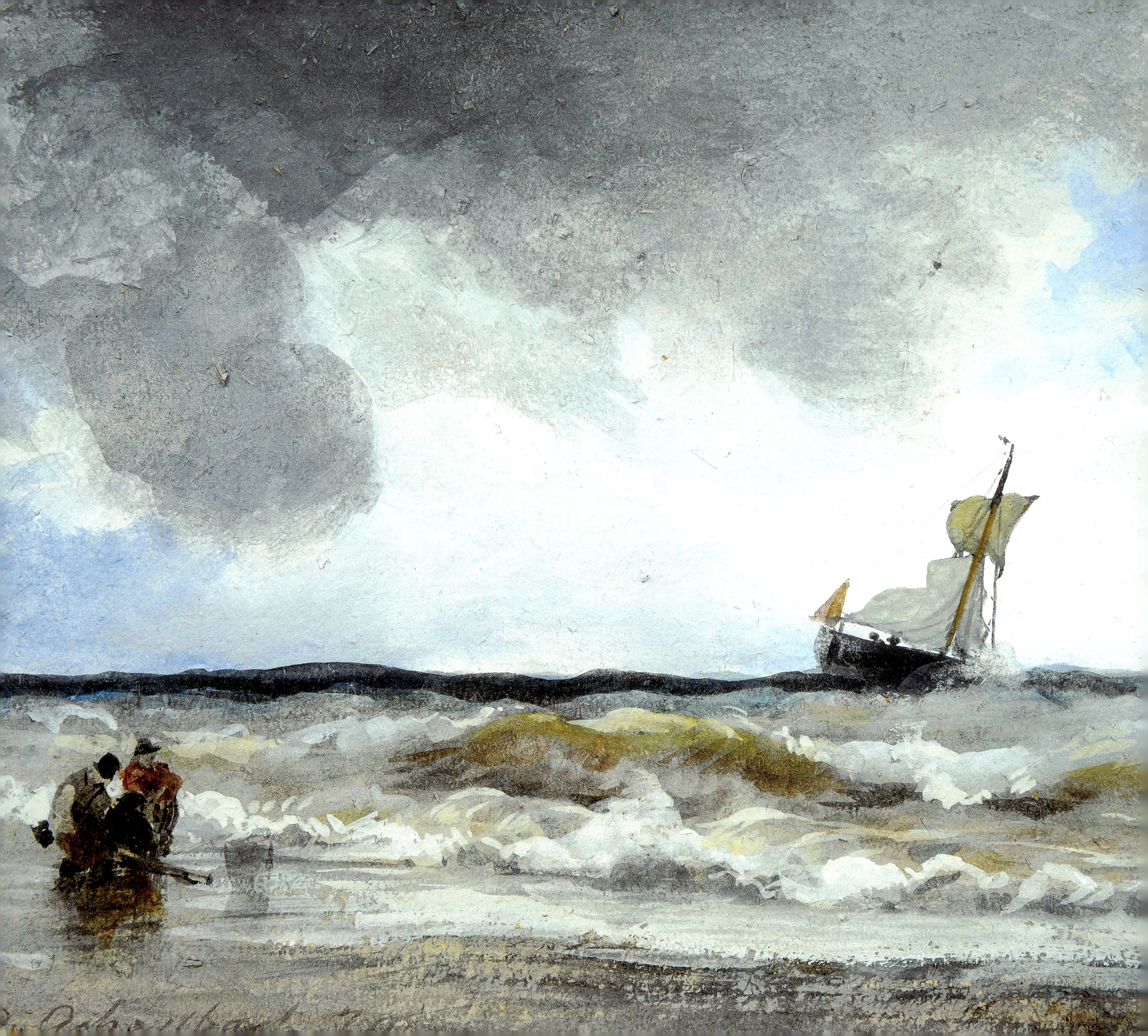

VORWORT

Marinen und Seemotive haben in der Malerei von Andreas Achenbach eine ganz besondere Bedeutung. Sie zeigen die intensive Bindung des Malers zum Meer, dass er schon von frühen Kindertagen an kennen lernte, denn das 19. Jahrhundert war die Epoche, in der das Reisen „erfunden" wurde. Die technischen Möglichkeiten und die Industrialisierung erlaubten es, vorher beschwerliche Reisewege in nunmehr kürzester Zeit zurückzulegen. Und so erkundete auch der Maler Andreas Achenbach das Meer, von den Küsten des Nordens bis nach Italien, und er hielt seine unterschiedlichen Eindrücke des Meeres in seinen vielen Zeichnungen, Aquarellen und Gemälden fest.

Der Gedanke, die Marinemalerei meiner Sammlung in einem eigenen Band vorzustellen, wurde durch zwei Anlässe angeregt: zum einen durch die Ausstellung „Schön und Gefährlich – die hohe See im 19. Jahrhundert" im Museum für Kunst und Technik des 19. Jahrhunderts in Baden-Baden, an der ich mich mit Leihgaben und einem Katalogbeitrag beteiligte.

Zum anderen durch die eigene Erfahrung einer Seereise auf einem Dreimaster: Hier konnte ich bei Windstärke 9 die Naturgewalten und Gefahren erleben, die Achenbach in vielen Gemälden schilderte.

Mein erster Achenbach-Ankauf, eine kleine aquarellierte Marine, machte den Anfang zu einer heute umfangreichen Achenbach-Sammlung, die aber keineswegs vollendet ist. Angesichts der Schaffenskraft des Künstlers gibt es immer neue Impulse für weitere Ankäufe.

So ist der nun vorliegende Band entstanden, der hoffentlich durch die Auswahl der Bilder anregt, sich mit der Kunst des 19. Jahrhunderts und der Malerei von Andreas Achenbach zu beschäftigen.

Baden-Baden, im Mai 2021
Wolfgang Peiffer

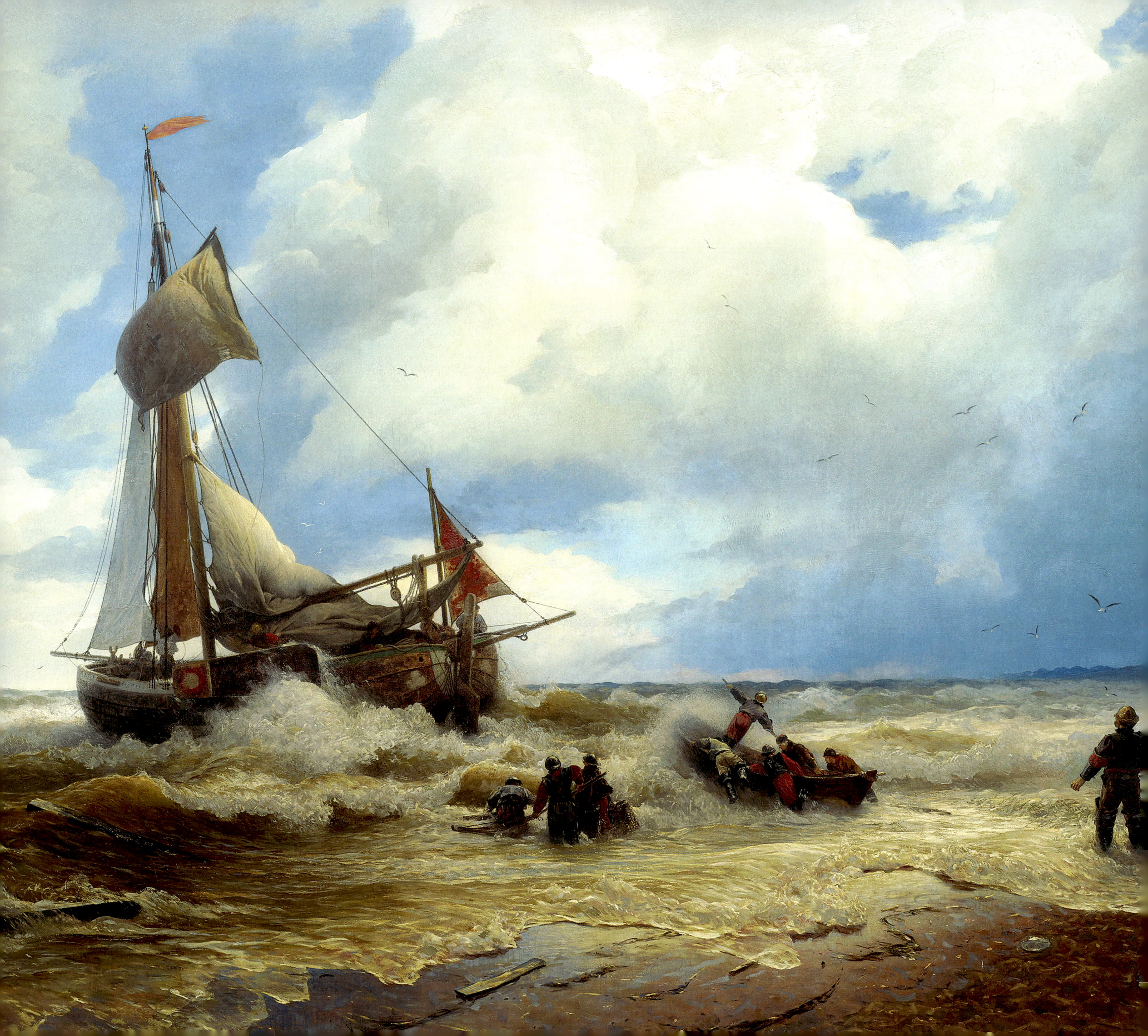

DAS MEER

„O wie lieb ich das Meer, ich bin mit diesem wilden Element so ganz herzinnig vertraut worden, und es ist mir wohl, wenn es tobt", schrieb Heinrich Heine (1797–1856) am 14. Oktober 1826 an seinen Dichterfreund Karl Immermann (1796–1840).[1] Er verbrachte in diesem Jahr bereits seinen zweiten Urlaub an der Nordsee. Urlaub – das war etwas ziemlich Neues – eine Erfindung des 19. Jahrhunderts. Gegenüber seiner Schwester spitzte Heine den Kern seines Interesses an der See noch weiter zu: „Ich bewundere den Aufruhr der Natur; denn das bewegte Meer gleicht dem Leben".[2] Kein bedeutender deutschsprachiger Dichter vor Heine wählte die Nordsee als poetischen Gegenstand. Er selbst hielt aus der Rückschau hierzu fest:
„Denn wer kannte damals in Deutschland das Meer? […] Damals schilderte man etwas der lesenden Menge völlig Unbekanntes, wenn man das Meer beschrieb, und das ist immer misslich. Ich musste mich, weil ich es obendrein in Versen beschrieb, an das Banalste halten. […] Wenn ich das alles damals hätte dichterisch behandeln wollen, hätte es keiner verstanden, eben weil es unbekannte Dinge waren […]"[3]
Doch warum geriet das Meer weder ins Bewusstsein deutscher Dichter noch in das der Gesellschaft und seltsamerweise ebenso wenig in den Blickwinkel der Politik, wo doch schon im 17. und 18. Jahrhundert England, Frankreich und Spanien als bedeutende Seefahrernationen in aller Munde waren? Diese Merkwürdigkeit ist wesentlich mit der politischen Geschichte Deutschlands verknüpft. Im Jahr 1815 – nach den Napoleonischen Kriegen – entstand der Deutsche Bund als Nachfolger des 1806 untergegangenen Heiligen Römischen Reiches. In Bezug auf die Macht auf dem Meer, die zunächst eine untergeordnete Rolle spielte, ist bemerkenswert, dass drei Fürsten des neuen Bundes in Personalunion Könige von Ländern mit eigener Flotte waren. Das Königreich Hannover wurde durch Georg III. (1738–1820) regiert, König des Vereinigten Königreichs Großbritannien und Irland, das über die mächtigste Flotte der Welt gebot. Das Großherzogtum Luxemburg wurde durch Wilhelm I. (1772–1843) regiert, König der Niederlande in Personalunion, und der König von

Dänemark, Friedrich IV. (1768–1839), war gleichzeitig auch Herzog von Schleswig und Holstein. Eine einheitliche Marine war jedoch bei Gründung des Deutschen Bundes nicht vorgesehen. Darüber hinaus besaß Österreich-Ungarn eine eigene Kriegsflotte im Mittelmeer. Preußen dagegen verfügte lediglich über eine unbedeutende Seestreitmacht, deren zeitgemäßer Ausbau auf dem

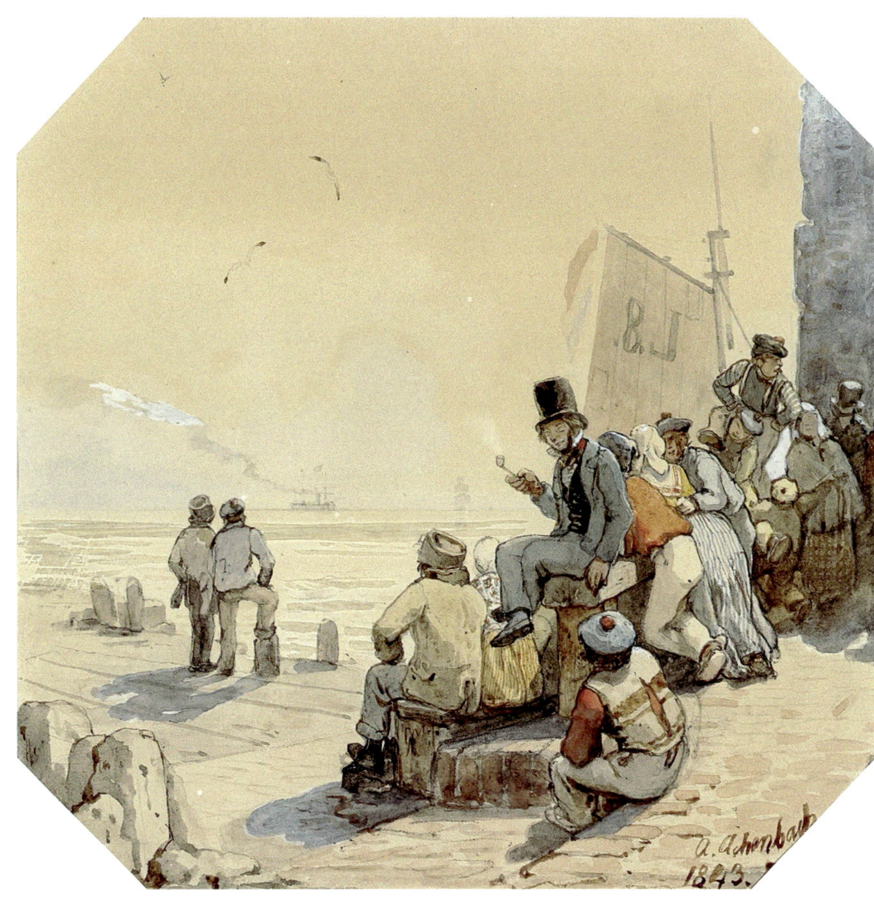

Stand neuerer Technik erst 1867 mit der Gründung des Norddeutschen Bundes einsetzte.

Die deutsche Romantik-Bewegung des 19. Jahrhunderts, die Literaten, bildende Künstler und Musiker gleichsam erfasste, traf auf das Spannungsfeld der Frühindustrialisierung innerhalb des neuen europäischen Machtgefüges, das eigene Formen der Demonstration von Macht und Stärke hervorbrachte. Die Großmachtpropaganda des Deutschen Bundes unter Preußens Führung sorgte trotz fehlender Flotte durchaus für ein Seemachts- und Schifffahrtsbewusstsein bei der Bevölkerung, obwohl ein Zugang zu den Weltmeeren vor der Reichsbundgründung nur bedingt vorhanden war. Dieser ergab sich erst 1867, als aus der Preußischen Marine die Marine des Norddeutschen Bundes wurde. 1870/71 traten schließlich die süddeutschen Staaten dem Norddeutschen Bund bei. Die Politik förderte anschließend die Seefahrt in neuer Dimension und aus machtpolitischen Erwägungen. Diese Entwicklung setzte sich fort und gipfelte 1896 in dem hochtrabenden Ausspruch Kaiser Wilhelms II. (1859–1941): „Deutschlands Zukunft liegt auf dem Meer."[4]

Im Zuge der Industrialisierung war der Schiffsbau und damit die Seefahrt von höchstem Interesse für die wirtschaftliche Entwicklung des Deutschen Reiches. Nicht nur der Transport von Waren, sondern mit zunehmender Bedeutung

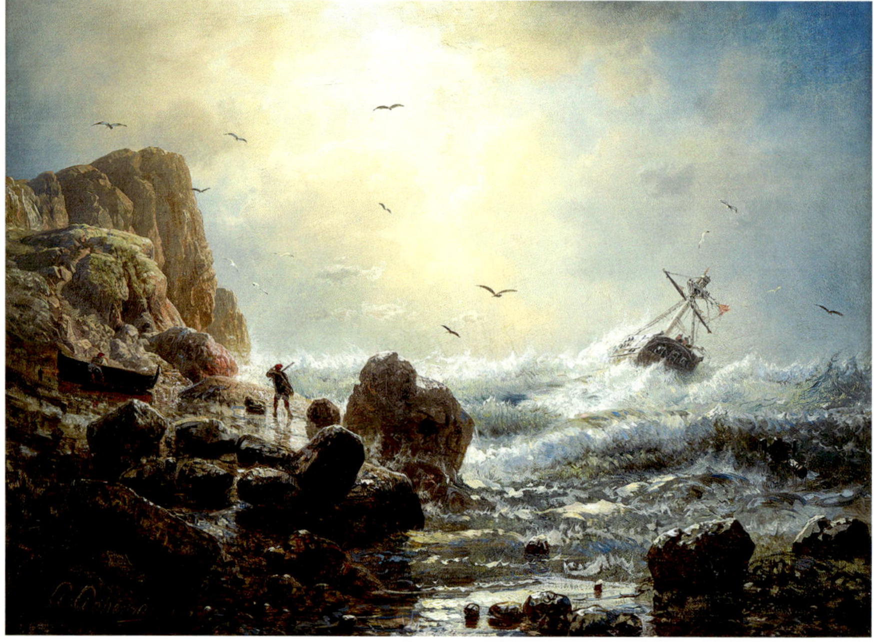

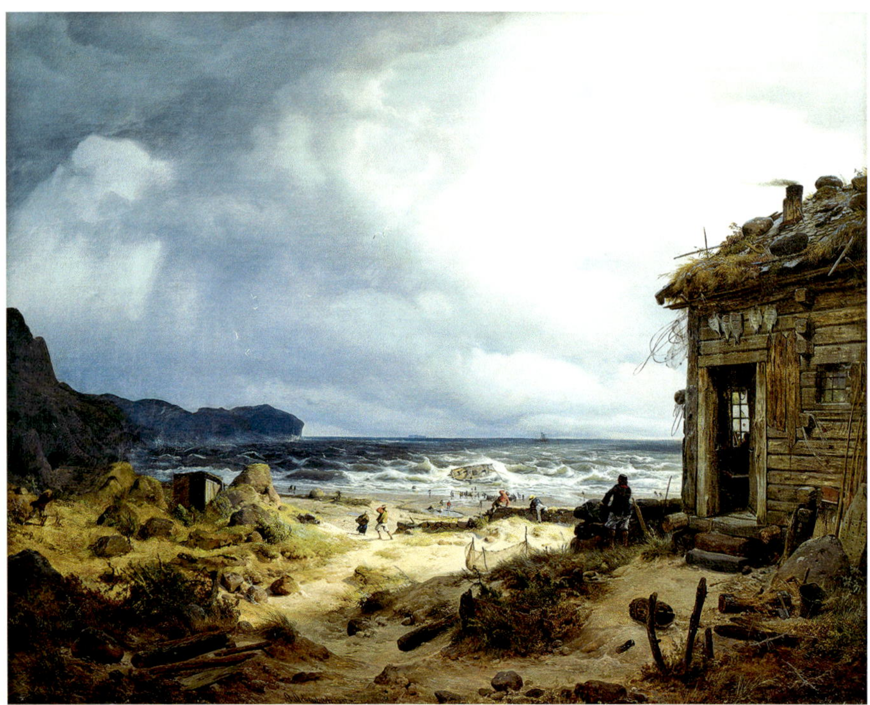

auch der von Personen, wurde zum großen Geschäft. Dies belegen die Gründungen der Hamburg-Amerikanischen Packetfahrt-Actien-Gesellschaft (HAPAG) 1847, die auch kurz Hamburg-Amerika-Linie genannt wurde, und des Norddeutschen Lloyd 1857 in Bremen. Beide Reedereien bedienten anfänglich vor allem mit dem Passagierverkehr der Auswanderer die transatlantischen Verbindungen.

Die schnelle Ausweitung des Schiffsverkehrs, zumal des Transatlantikverkehrs, verursachte aufgrund der technisch eingeschränkten Möglichkeiten natürlich verstärkt Probleme mit den Naturgewalten. Als im Jahr 1865 in Form eines unabhängigen Vereins die *Deutsche Gesellschaft zur Rettung Schiffbrüchiger* gegründet wurde, strandeten allein vor den deutschen Nordseeinseln im Jahr etwa 50 Schiffe.[5]

Mangelnde Ausrüstung und das Strandrecht verhinderten oft Rettungsmaßnahmen. „Gott segne unseren Strand", mit diesen Worten endete die Predigt eines jeden Pastors in den Kirchen der Nordküsten. Was die Strände an Treibgut hergaben, erleichterte das Überleben unter den bestehenden harten Lebensbedingungen.[6] In seinem 1861 erschienenen berühmten Buch *La mer* schrieb der französische Historiker und Dichter Jules Michelet (1798–1874):

„Man fürchtet sich vor dem Meer. Jedes Schiff ist ein Feind, und strandet es, eine Beute. Die Plünderungen der Schiffbrüchigen, das adelige Bergerecht, ist eine der Einkünfte der Feudalherren."[7]

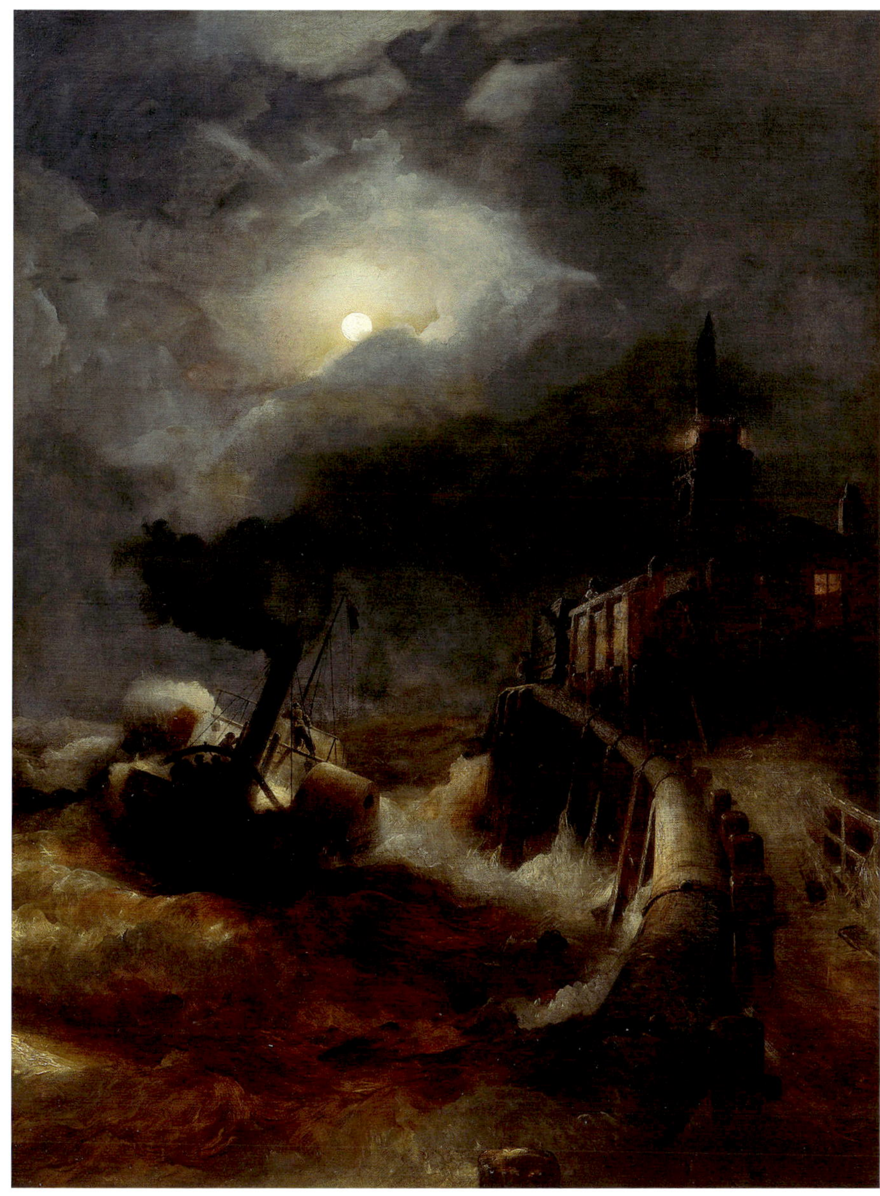

In Deutschland hielt sich bis zur Mitte des 19. Jahrhunderts das überlieferte Strandrecht, nach dem der Finder geborgene Teile eines Wracks oder angeschwemmte Ladung behalten durfte. Das führte bisweilen zu unschönen Auswüchsen, zu unterlassener Hilfe und letztlich zum Tod zahlreicher Menschen. Ein markanter Vorfall auf der Nordseeinsel Borkum am 10. September 1860 sollte maßgeblich zu grundlegendem Umdenken beitragen.[9] In der Nacht war vor der Insel die hannoversche Brigg „Alliance", die Kohlen von England nach Geestemünde bringen sollte, nahe dem Strand im Sturm auf ein Riff gelaufen. Die Einheimischen, die die verzweifelten Hilferufe der neunköpfigen Besatzung gehört hatten, unternahmen jedoch nichts, sondern warteten auf die erhoffte Beute. Alle Verunglückten ertranken. Die Besonderheit dieses Vorfalles war, dass es auf Borkum zu dieser Zeit bereits einen relativ regen Tourismus gab und zahlreiche Kurgäste, geweckt durch die Schreie, zum Schauplatz der Tragödie eilten. Obwohl alle Versuche der Feriengäste, die einheimischen Fischer zur Rettung der Schiffbrüchigen zu bewegen, gescheitert waren, verbreitete sich immerhin die Kunde von diesem Unglück und der Barbarei der unterlassenen Hilfeleistung über Zeitungsberichte in ganz Deutschland. Die Empörung war so groß und sie beflügelte schon länger bestehende Diskussionen über die Notwendigkeit des Aufbaus eines professionellen Rettungswesens an den Küsten. Kurz nach dem Unglück der „Alliance" erschien in der illustrierten Zeitschrift *Die Gartenlaube* ein Beitrag mit dem dramatischen Untertitel *eine Mahnung an die deutsche Nation,*

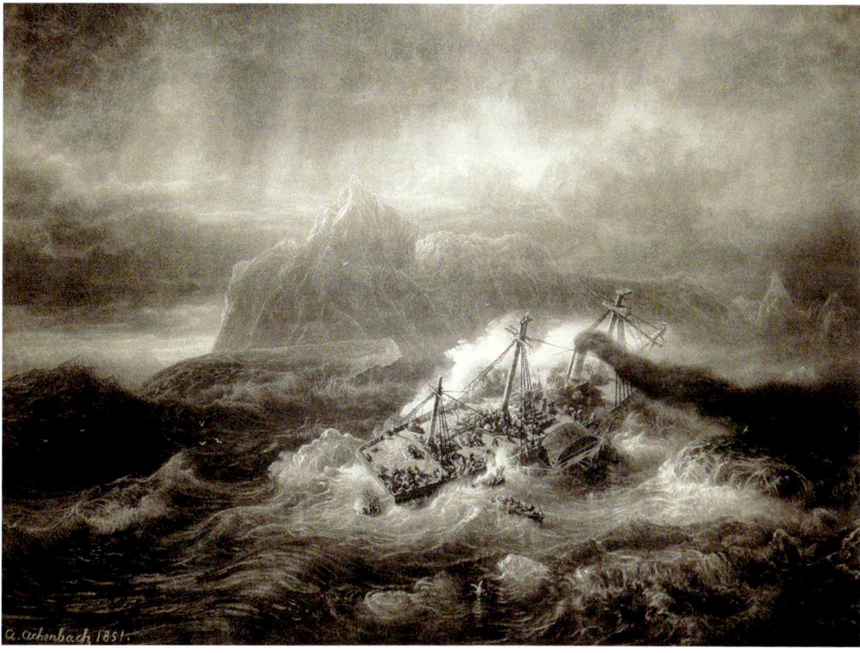

Hiermit ist eine politische Besonderheit in Frankreich angesprochen. Was Michelet damit meinte, erklärt sich in seiner Anspielung auf die zeitgenössischen Machenschaften des jüngsten unehelichen Sohnes von Napoleon, des Grafen Charles Léon Denuelle (1806–1881):

„Man weiß von dem Grafen von Léon, der an seinem Riff reich wurde, einem kostbaren Stein, wie er sagte, kostbarer denn alle, die man in den Kronen der Könige bewundert".[8]

in dem diese Forderung erneut ausgerufen wurde, wobei bittere Kritik an der Unfähigkeit zur Lösung von Aufgaben nationalen Interesses geübt wurde.

„[…] kehrt der deutsche Seemann oder Reisende heim, so muss er befürchten, selbst angesichts der Küsten seines eigenen Vaterlandes noch elendiglich umzukommen, weil die unselige innere Zersplitterung und der Particularismus desselben es unfähig macht, von Staatswegen auch nur die allernothwendigsten Vorkehrungen zu seiner Rettung zu treffen.“

Interessant ist, dass der nicht unerheblich von nationalem Pathos getragene Autor sich keineswegs scheute, mit Bewunderung auf die Errungenschaften der europäischen Nachbarländer zu schauen:

„Und ist es für ein deutsches Herz gleichgültig, wenn es nach einem Blick über die civilisirten Nationen Europa's wahrnimmt, daß gerade Deutschland wiederum dieser großen Pflicht der Humanität einzig nicht genügt, während der Engländer, der Franzose, der Holländer, ja selbst der Däne, seine Küsten mit Rettungswerken überall versehen hat?“[10]

Kurz darauf wurden an den deutschen Nord- und Ostseeküsten endlich schnell und systematisch Rettungsstationen nach britischem Vorbild ausgebaut, so dass bereits auf einer Karte der *Deutschen Gesellschaft zur Rettung Schiffbrüchiger* aus dem Jahr 1883 ein beeindruckend lückenloses Netz erkennbar ist. Mit der Einrichtung der Rettungsstationen machte auch die eingesetzte Technik schnelle Fortschritte, was in der Öffentlichkeit mit großem Interesse beobachtet wurde. Es versteht sich von selbst, dass von der rasanten Verbreitung neuer Antriebstechniken für Schiffe auch das Rettungswesen profitierte. Auch Andreas Achenbach, der so oft die heldenhaften Ruderer, die in die tobende See zur Rettung aufbrechen, thematisierte, nahm bereits früh das dampfgetriebene Rettungsschiff in sein Repertoire auf.

Bereits im Jahr 1824 war die englische Seenotrettung *Royal National Lifeboat Institution* entstanden. Als Seefahrernation hatte England schon sehr früh nicht nur den Schiffsverkehr von England zum europäischen Festland, sondern auch nach Amerika mit modernsten Mitteln ausgebaut. Eines der spektakulärsten Schiffsunglücke im frühen 19. Jahrhundert war der Untergang des hölzernen Raddampfers „President". Das Schiff wurde 1840 für den regelmäßigen Liniendienst von Liverpool nach New York in Dienst gestellt und hatte mit 2366 Bruttoregistertonnen ein beeindruckendes Volumen. Es war seinerzeit das größte Passagierschiff der Welt. Aber bereits im März 1841, nach drei erfolgreichen Atlantiküberquerungen, verschwand die „President" auf der Rückfahrt von New York mit ihren 29 Passagieren und 81 Besatzungsmitgliedern spurlos. Obwohl zunächst Gerüchte über eine mögliche Eisbergkollision kursierten, ist davon auszugehen, dass das Schiff im Sturm und behindert durch seine bis zum letzten Winkel vollgeladenen Kohlebunker im Nordatlantik versank. Auch später tauchten keine Hinweise auf Ladung oder Besatzung auf.[11]

Die Tragik des Unglücks und die Spekulation über die Ursache erfassten und beschäftigten die Öffentlichkeit weltweit. Aufgrund eines in seinen Beweggründen

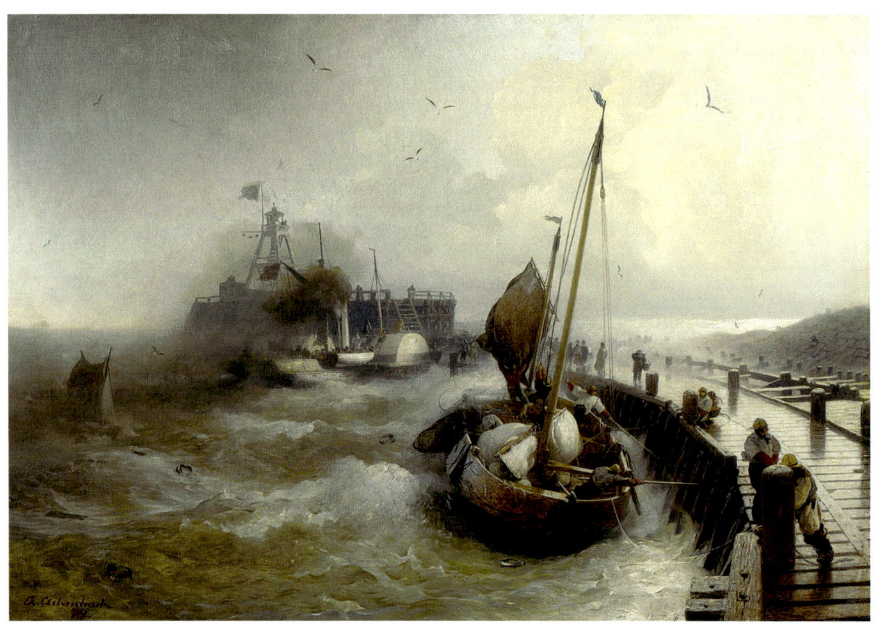

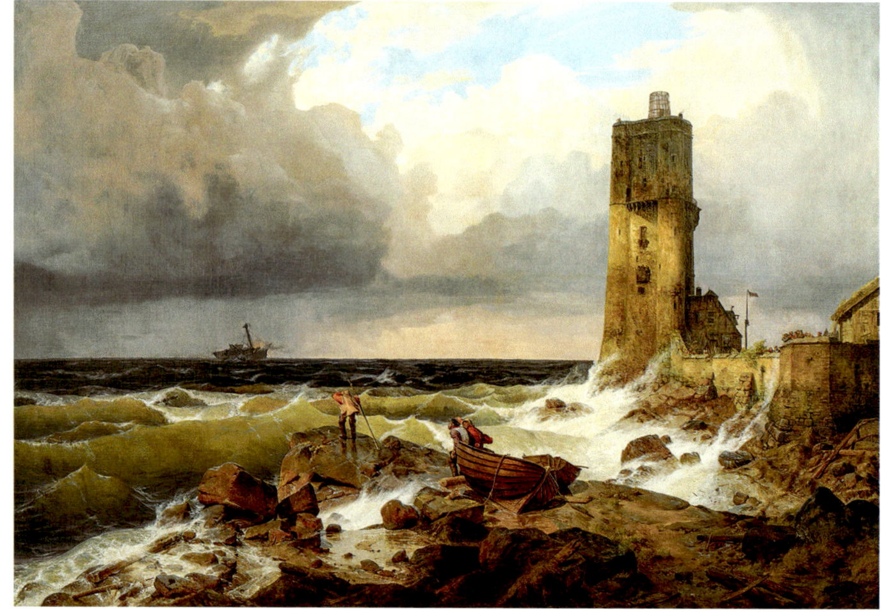

nie ganz geklärten Auftrages des badischen Großherzoges Leopold (1790–1852) im Jahr 1842 an den Düsseldorfer Maler Andreas Achenbach fand das Unglück auch Einzug in die bildende Kunst.[12] Achenbach hatte bereits zu diesem Zeitpunkt durch seine Seemalerei deutschlandweit auf sich aufmerksam gemacht. Friedrich von Preußen (1794–1863) und König Ludwig I. von Bayern (1786–1868) besaßen schon seit Mitte der 1830er Jahre Seestücke von ihm und bereits 1837 konnte Achenbach eine große Marine an das Städelsche Kunstinstitut in Frankfurt am Main verkaufen. Achenbachs Schilderungen zeigen, wie hilflos der Mensch den Gewalten der Natur ausgeliefert ist. 1851 schuf Achenbach von dem gleichen Motiv eine nur in wenigen Exemplaren hergestellte, großformatige Lithographie.[13]
Aber nicht nur in der Malerei beschäftigten Achenbach die Unwägbarkeiten des Meeres, auch sein geschäftlicher Alltag mit der Lieferung seiner Bilder nach Übersee zeigte die Risiken des Transportes auf See. Der amerikanische Sammler Joseph Longworth, Cincinnati, erwarb 1866 gleich vier Gemälde, was Achenbach zu der Nachfrage veranlasste, ob er „die Bilder zusammen schicken soll, oder jedes alleine […] weil es vorgekommen, bei einem Unglück zur See, daß alles verloren war, dann wäre doch immer nur eines fort“.[14]

Achenbachs Malerei rekurrierte auf die deutsche Malerei zu Beginn des 19. Jahrhunderts, in der die Meeresmotivik unmittelbar mit der Erfahrung einer als unberechenbar empfundenen Natur zusammenhing. Es handelt sich um eine Zeit geradezu alltäglicher Schiffbrüche, eine Zeit, in der der Mensch mit jeder längeren Seefahrt gegen die Urgewalten der Natur bestehen musste. Zugleich begann eine Phase, in der Menschen versuchten, mit Hilfe neuer Errungenschaften, die Gefahren der Natur zu beherrschen und sich somit der Machtlosigkeit gegenüber den Naturgewalten entgegenzustellen. Dazu gehörte die nun rasant fortschreitende Verbesserung der Schiffstechnik und der Navigation. Darüber hinaus begannen neben der schon erwähnten Systematisierung der Seerettung auch Aktivitäten zur Sicherung und Markierung der Schiffsrouten und die Entwicklung von Leuchttürmen als Wegweiser für die Rückkehr von See in die Sicherheit der Häfen.
Die Geschichte der Leuchttürme führt jedoch zurück in die Antike.[15] Bereits in der Frühzeit wurden am Mittelmeer Leuchtfeuer errichtet. Im römischen Kaiserreich hatte man ein faszinierendes Leuchtfeuersystem entwickelt, das das ganze Mittelmeer umschloss und in seiner Perfektion erst im 19. Jahrhundert wieder erreicht wurde. Das in Architektur geformte, in der Nacht leitende Feuer ist gleichwohl weit älter: Unter den sogenannten Weltwundern der Antike befanden sich zwei Leuchttürme: der Koloss von Rhodos und der Pharos von Alexandria (beide etwa 300 v. Chr.). Letzterer sollte später den Begriff „Leuchtturm“ in allen lateinischen Sprachen prägen (z. B. italienisch, spanisch: Faro). Das Bild von Häfen und Küsten wurde im frühen 19. Jahrhundert von Leuchttürmen

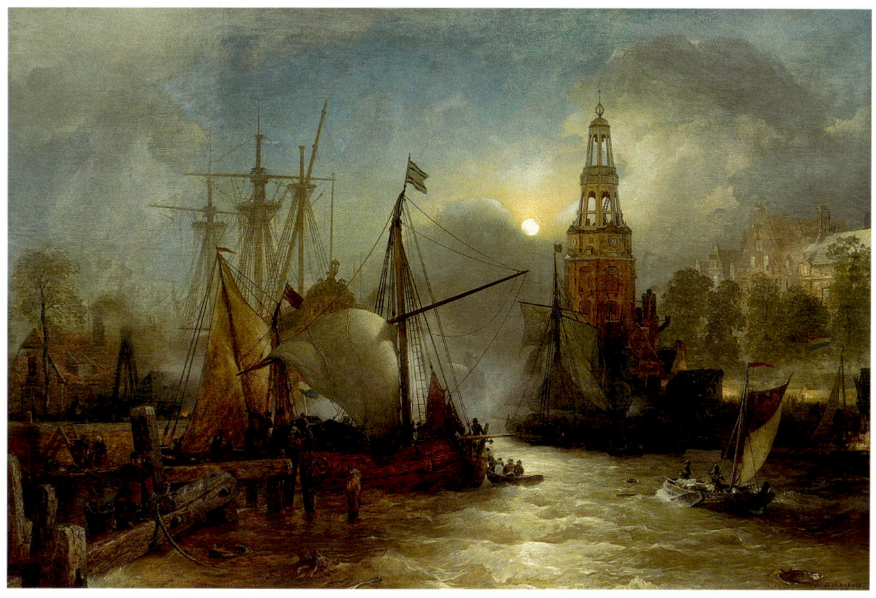

geprägt. Viele Bauten an der Nord- und Ostsee waren in ihren Grundstrukturen noch auf die Glanzzeit der Hanse im 13. Jahrhundert zurückzuführen. Zahlreiche dieser historischen Bauten tauchen, mehr oder weniger genau wiedergegeben, in der Malerei des frühen 19. Jahrhunderts auf.
Maßgeblich verbessert wurden Funktion und Wirkung der Leuchttürme in Europa durch einen Auftrag der französischen Regierung an den Physiker Augustin Jean Fresnel (1788–1827). Er entwickelte spezielle Gläser, die in Laternen zusammengesetzt wurden und als Linsen die Bündelung und Reichweite des Lichts enorm steigerten. Sagt man den Franzosen nach, sie hätten als Erste die Küsten Europas erleuchtet, so ging es doch relativ schnell, dass sich die Technik in ganz Europa verbreitete. Dabei tritt ein beeindruckend lückenloses System zutage, das von Borkum bis nach Königsberg reicht.
Jules Michelet charakterisierte 1861 trefflich, was einen Leuchtturm eigentlich ausmacht und genau diese Zeitlosigkeit hat auch heute, in der Epoche der Satellitennavigation, noch Gültigkeit:
„Wer vermag zu sagen, wie viele Männer und Schiffe die Leuchttürme gerettet? Das Licht, das in diesen schrecklichen Nächten der Verwirrung aufscheint, in denen selbst die Tapfersten verzagen, es zeigt nicht allein den Weg, es stärkt den Mut und hält den Geist davon ab, in Wahn zu verfallen. Es ist eine große Linderung, sich in der höchsten Gefahr noch sagen zu können: ‚Halte durch! Gib nicht auf! Wohl sind Wind und Wasser gegen Dich, doch bist Du nicht allein; die Menschheit ist da und wacht für Dich!‘“[16]

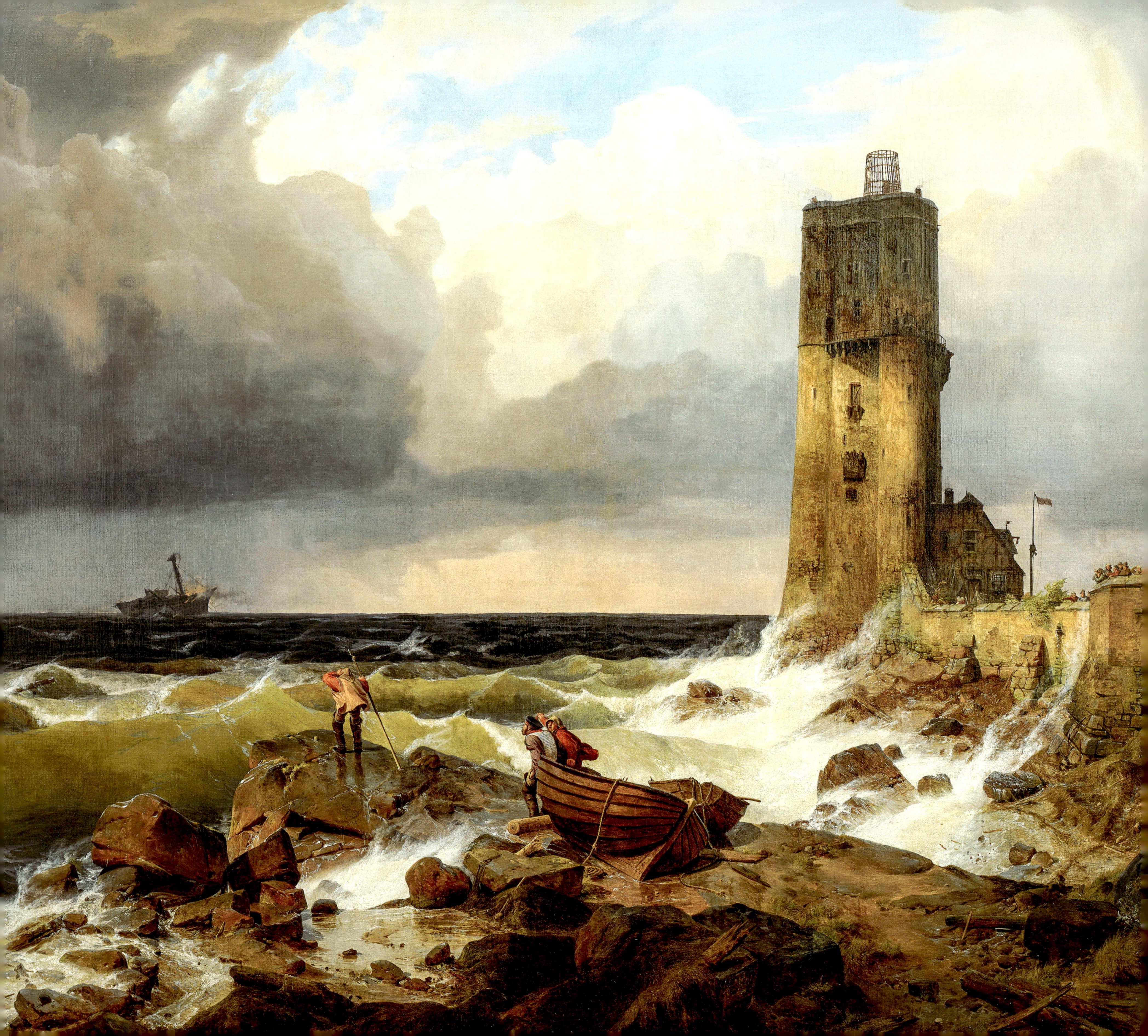

Der Maler

In diese Zeit der sozialen wie technischen Innovationsschübe und des politischen Umbruchs in Deutschland wurde Andreas Achenbach 1815 als Ältestes von zehn Kindern in einem großbürgerlichen Elternhaus in Kassel geboren. Durch einen umtriebigen und nach Veränderung ausschauenden Vater erlebte er, schon von Kindestagen an, häufige weitreichende Ortswechsel und Reisen in verschiedene Länder, da sich anfänglich die Lebensmittelpunkte der jungen Familie ständig den neuen geschäftlichen Aktivitäten des Vaters anpassen mussten. Zunächst erfolgte 1816 ein Umzug nach Mannheim und drei Jahre später führte es die Achenbachs in das ferne St. Petersburg, wo sie vier Jahre verbrachten.[17] Mit der Reise nach Russland verband sich nicht allein die erste Seereise des damals dreijährigen Andreas, er erhielt in St. Petersburg auch seinen ersten privaten Zeichenunterricht, da sein Talent bereits führ entdeckt und gefördert wurde.[18]

1823 kehrte die Familie nach Deutschland zurück, wo sie zuerst in Elberfeld wohnte, dann nach Düsseldorf umzog. Hier besuchte Andreas Achenbach schon im Alter von zwölf Jahren die Kunstakademie in Düsseldorf. In den Schülerlisten wird er jedoch erst ab dem Wintersemester 1830/31 offiziell aufgeführt, wobei er zu dieser Zeit auch erst 15 Jahre alt war.

Am 20. Mai 1832 startete Achenbach mit seinem Vater eine ausgedehnte Studienreise, die ihn unter anderem durch Holland und nach Travemünde bis nach Riga und wieder zurück nach St. Petersburg führte. Der erste Teil der Reise bot Achenbach Gelegenheit, sich intensiv und aus eigener Anschauung mit der holländischen und flämischen Landschaftsmalerei auseinanderzusetzen, aber vor allem das Meer zu erleben und zu studieren. Die altniederländische Malerei und die Werke des Goldenen Zeitalters übten eine beständige Faszination auf ihn aus. Aber erst im 19. Jahrhundert erreichte die Holland-Rezeption in der Malerei eine neue, umfassendere Qualität, die sich nicht nur auf das Vorbild der alten Meister beschränkte, sondern auch das Land selbst, seine charakteristische Küstenlandschaft, die hier lebende Bevölkerung und die neue, zeitgenössische Kunst, in den Blick nahm.[19]

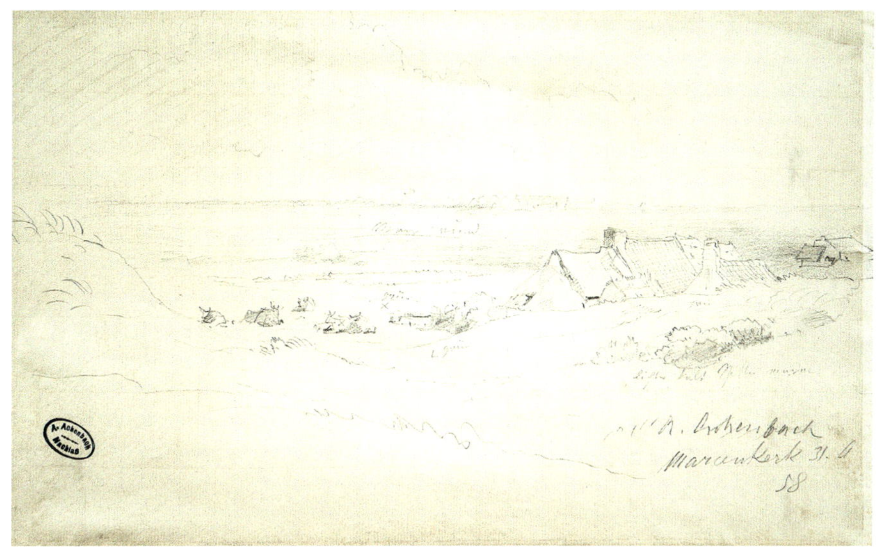

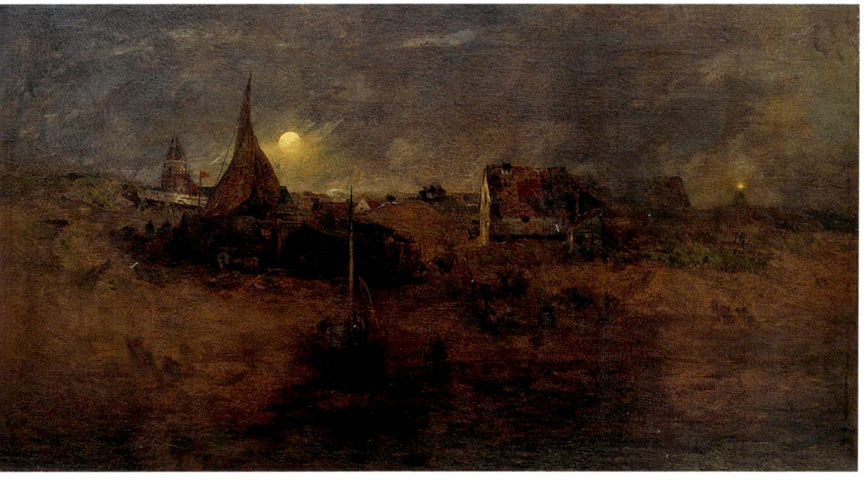

In seinen Reiseerinnerungen *Skizzen aus Norden, oder: Erinnerungen eines Aus-ruhenden* schreibt sein Vater: „Noch verdeckten die Dünen (Sandhügel) den Anblick des Meers; im Sturmschritt eilten wir darauf zu, und staunend ruhte das Auge auf der endlosen Fläche. In weiter Ferne erblickte man einige Segel, und die in langen Schwingungen majestätisch heranrollenden Wogen förderten manche wunderliche, wie hier ganz werthlose Gegenstände ans Licht."[20]

Dass Andreas Achenbach diese Eindrücke in Studien festhielt und damit auch auf der Reise schon früh zum Unterhalt derselben beitragen konnte, erfahren wir im Folgenden: „Mein Sohn, der sich mit seinem Studium angenehm amü-sierte, traf eines Tages einen Engländer am Strande, der ein Crayon Panorama (Rundgemälde in Bleistift-Zeichnung) von Travemünde zu haben wünschte. Dies wurde binnen kurzem vollendet, und so gut honoriert, daß unsre Aus-gaben im weißen Schwan größtentheils damit gedeckt werden konnten."[21]

Für die letzte Etappe der Reise nach St. Petersburg wählte man aus Sparsamkeit ein großes offenes Boot, einen sogenannten „Katter", der pro Person nur 80 Ko-peken kostete. Diese Art offener Boote findet sich in zahlreicher Form in Achen-bachs späteren Bildern. Die relativ kurze Fahrt zum St. Petersburger Hafen verlief höchst aufregend und muss ihn nachhaltig beeindruckt haben: „[…] um 2 gings aus dem Hafen, und ob wir gleich ganz ohne Segel waren, so trieben uns die hohen Wogen mit einer reißenden Schnelligkeit vorwärts. Hiermit aber nicht zufrieden,

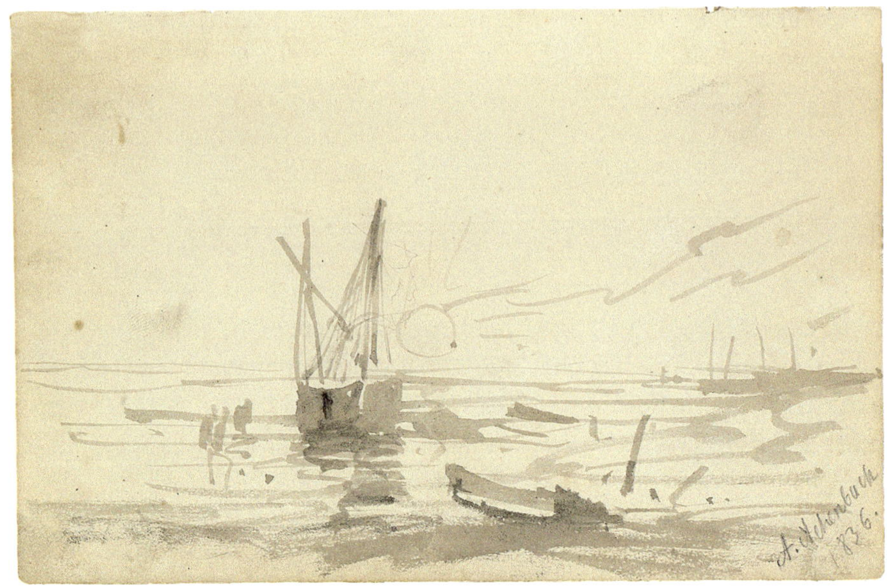

zogen die beiden Schiffsknechte auch noch 2 ungeheure Lappen an einer Art Mast in die Höhe. Dieses Manöver, die doppelte Wuth des Windes und der Wellen über uns häufend, stürzte das Boot jeden Augenblick in Gefahr zu kentern, und die voll geblähten Segel wieder zu streichen, war ein Ding der Unmöglichkeit. Kein Pas-sagier durfte aufstehen, aus Furcht, das Gleichgewicht zu verletzen, und die beiden Matrosen standen, unfähig zu einer Anstrengung, ein Kreuz nach dem anderen schlagend, wie Leichen am Mastbaum. ‚Gott behüte uns, Gott behüte uns', schrieen die Weiber, wenn wir mit dem Vordertheil auf dem Saum einer hohen Welle schwebten, und das Hintertheil wie in einem Abgrund versinkend, fast senkrecht hinunterhing. Doch nach einer Stunde des Schreckens tauchte die vergoldete Spitze des Festungsthurmes, dann jene der neuen Admiralität, die Kuppel der Kasan'schen Kirche, endlich die Paläste der neuen Residenz aus den Fluthen empor, und um 4 Uhr setzte uns eine rasche Schwenkung auf der westlichen Spitze von Wassily-Ostrow glücklich ans Land".[22] Diese Reiseerlebnisse waren sicherlich für Achen-bachs visuelles Gedächtnis von nicht zu unterschätzender Bedeutung.

Im Verlauf der Reise sah Achenbach auch zum ersten Mal die eindrucksvollen Granitfelsen an der Nordküste von Bornholm; der Reiseweg führte Vater und Sohn außerdem zwischen der schwedischen Südküste und der Bornholmer Nordküste durch geschütztere Gewässer als auf der offenen Ostsee. Das Far-benspiel von Licht und Wellen in der nordöstlichen Ostsee, gerade auch in den langen Sommernächten, muss spektakulär gewesen sein: „Der Eindruck dieser Lichtmassen in nordischen Nächten ist für den Südländer in hohem

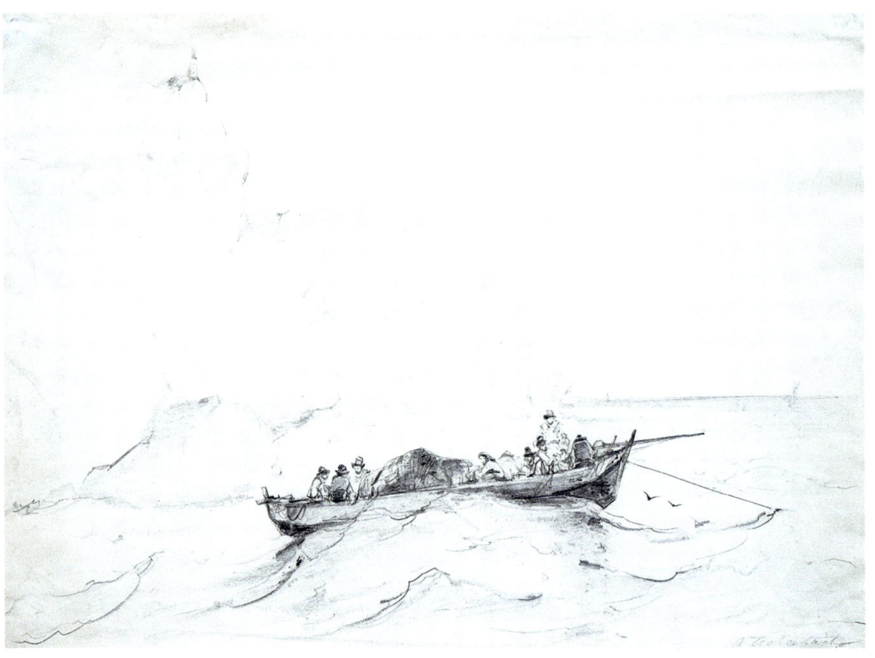

Maße aufregend; an Schlaf ist nicht zu denken. […] Das Meer ist lebendig bewegt und alle Wellengipfel sind von dem flammenden Morgenroth aus dem Norden beleuchtet, als ob die Gluth sich bis in die Tiefe des Wassers hinzöge", berichtete ein Reisender, der 1840 auf der gleichen Strecke unterwegs gewesen war.[23] Diese Glut scheint sich noch in Achenbachs Strandwellen auf dem Gemälde *Twilight* von 1855 widerzuspiegeln, auf dem die Wellen in vorimpressionistisch wirkenden Farben von Rot, Blau, Braun und Grün gemalt sind.[24]

1833 unternahm Achenbachs Vater eine erste große Überseereise nach Amerika, wobei ihn jedoch nicht Andreas, sondern der jüngere Bruder Hermann begleitete, der dann in Amerika blieb. Allerdings schuf Andreas Achenbach für die Reiseschilderungen des Vaters, die dieser 1834 verfasste und 1835 im Eigenverlag unter dem Titel *Tagebuch meiner Reise nach den Nordamerikanischen Freistaaten: Oder: Das neue Kanaan* veröffentlichte, das Titelblatt mit der Lithographie *Der 24. Mai.* Es war der Tag der Ausschiffung und der Beginn der siebenmonatigen Reise des Vaters. Es zeigt eine Dreimast-Segelyacht bei der Ausfahrt. Schon hier ist die Neigung zur Seemalerei deutlich erkennbar in der unver-

wechselbaren Darstellung der Takelage und der für seine Arbeiten wichtigen Wolkenbildung. Und auch an den Schilderungen des Vaters dürfte Andreas Achenbach regen Anteil genommen haben. „[…] die Farbe des Wassers ging allmählich wieder ins tiefste Stahlblau über, und war dabei von einer so außerordentlichen Klarheit […] Die majestätischen langgedehnten Wogen, wogegen jene der Nordsee nur ein Kinderspiel waren […]"[25]

Nach der „langjährigen Ruhe", so schreibt sein Vater in seinen Aufzeichnungen, ging es dann 1835 zusammen mit seinem Sohn Andreas auf eine weitere längere Reise in den Norden und über die See. Diese Reise führte über Dänemark nach Schweden. Für die 1836 veröffentlichten Reiseerinnerungen des Vaters, wieder im Eigenverlag erschienen, fertigte Andreas zur Illustration zwölf Lithographien über die Etappen der Russlandreise von 1832 und der Reise nach Skandinavien im Jahre 1835.

Seine frühen Reisen, die immer auch Seereisen waren, gaben Achenbach die Möglichkeit, eigene Erfahrungen mit den Naturelementen zu machen. Sie sind zahlreich in seinen frühen Studien- und Skizzenbüchern festgehalten. Und

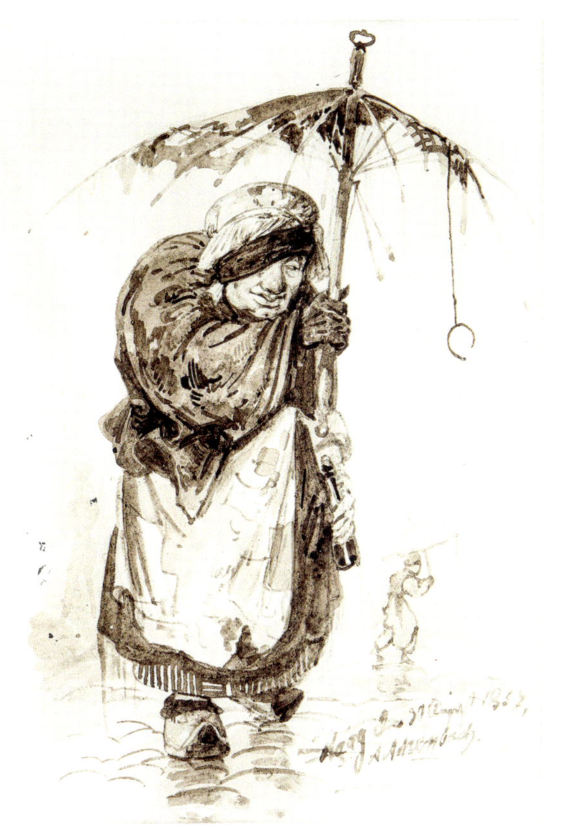

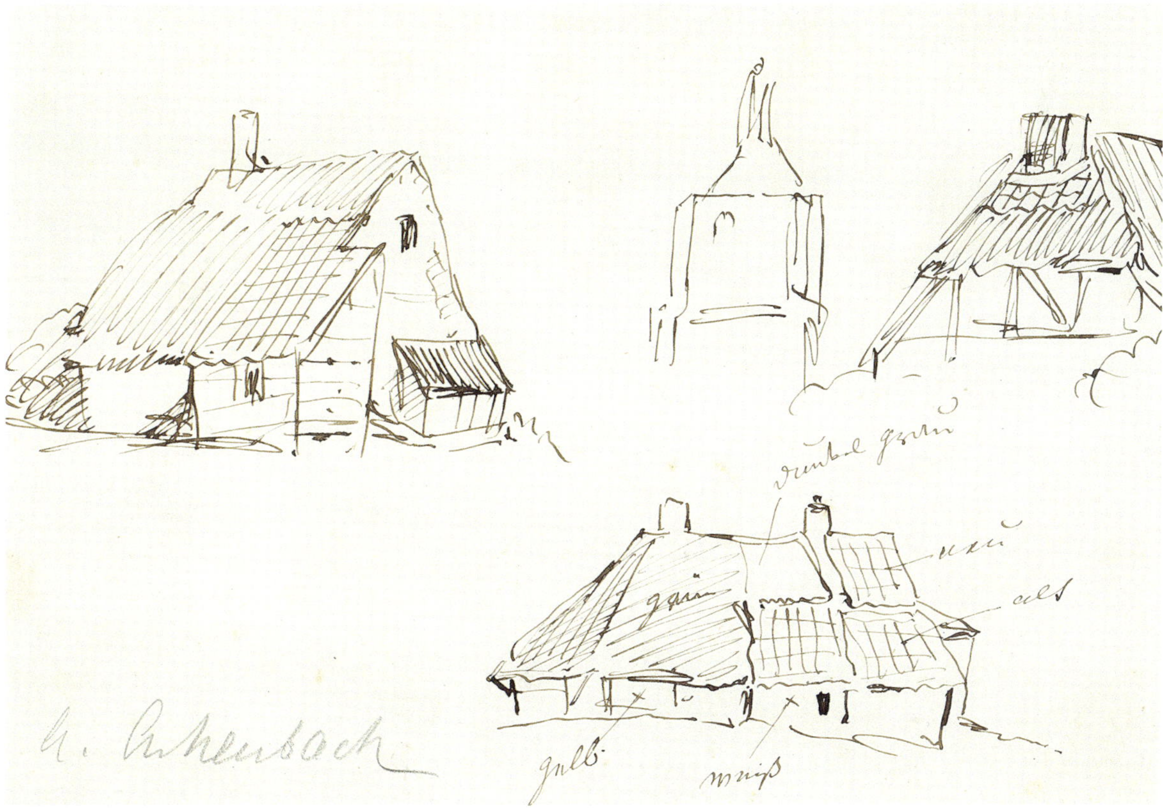

selbst im *Bayrischen Skizzenbuch* von 1836 finden sich Seemotive, die aus eigener Anschauung, oder in Erinnerung an frühere Reisen, entstanden.

Das Leben der Seeleute, der Fischer und der Küstenbewohner hat Achenbach in unzähligen Studien, Skizzen und Karikaturen festgehalten. Für ihn war die Schilderung der Marinemalerei nie eine Darstellung der reinen Technik oder der Romantik. Für Achenbach stand der Mensch im Mittelpunkt der Darstellung, meist in Verbindung mit den Elementen Wasser und Sturm, dargestellt durch die wogende, aufgewühlte See und Wolkenbildung, die er wie kaum ein zweiter in der Lebhaftigkeit der Bewegung darzustellen wusste. Seine Malerei changiert zwischen Pathos und Realität, und spiegelt den Kontrast zwischen Erhabenheit der Natur und der Hilflosigkeit der Menschen wider. Achenbach schildert geschäftige Umtriebigkeit und stellt gleichzeitig die Armut und den bitteren Alltag der einfachen Bevölkerung dar. Seine Gemälde lassen die Gischt der Wellen und die klamme Nässe der einschiffenden Seeleute spüren, während seine Karikaturen witzige Anekdoten erzählen, die uns zum Schmunzeln bringen.

Die Hollandmode, die sich in der zweiten Hälfte des 19. Jahrhunderts innerhalb der deutschen Malerei geradezu etablierte, war auch eine Folge des Deutsch-Französischen Krieges von 1870/71 und der Ressentiments beider Nationen,

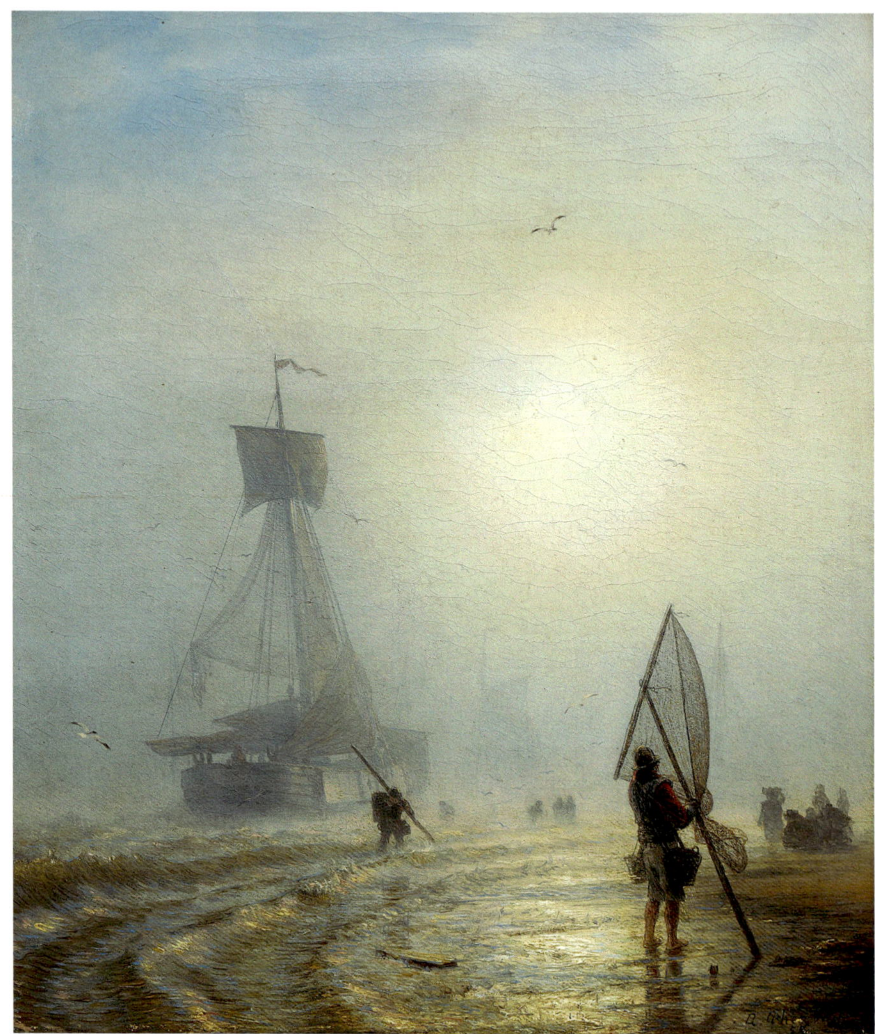

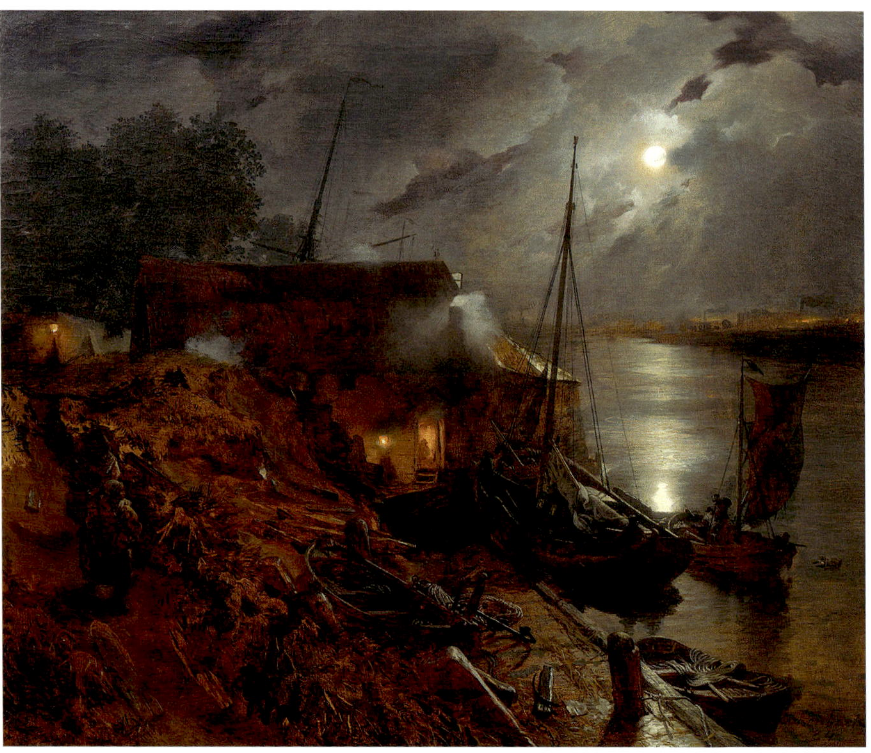

die sich daraufhin noch verstärkten.[26] Viele deutsche Künstler wählten nicht Paris als Studienort, sondern wichen auf die nördlichen Niederlande aus. Eine nicht unwesentliche Rolle spielten hierbei die bald bestehenden Eisenbahnverbindungen. Ab 1856 war Amsterdam von Deutschland aus mit der Eisenbahn zu erreichen. Traditionell waren die Niederlande jedoch ohnehin gut durch den Rhein und seine Nebenarme verbunden. Ein weiterer Grund für die Attraktivität Hollands in künstlerischer Hinsicht lag zudem auch in der scheinbaren und tatsächlichen wirtschaftlichen Rückständigkeit der ländlichen Küstengebiete an der Nordsee. Außerhalb der größeren Städte konnte man hier noch eine als ursprünglich empfundene Lebensweise und eine durch die Schornsteine der Industrialisierung noch nicht entstellte Landschaft finden, die unverbraucht wirkte. So fand sich eine scheinbar heile Motivwelt, die der bürgerlichen und damit meist in großstädtischen Milieus beheimateten Käuferschicht eine ideale, nur noch in wenigen Refugien bestehende alte, scheinbar heile Welt vermittelte.[27]

Es sind nicht nur die dramatisch inszenierten Gemälde mit aufgepeitschtem Meer, wie sie mit Achenbachs Seemalerei in Verbindung gebracht werden, es sind auch die Kompositionen, die in nuancenreicher Farbigkeit eine genaue Naturbeobachtung und atmosphärische Durchdringung erkennen lassen. Und es sind die kleineren Gemäldeformate, mit denen Achenbach schon in den 50er Jahren den Weg zu einer vorimpressionistischen Malweise zeigt.

Über Achenbachs langes Wirken hinweg eröffnen seine Werke Einblicke in die Transformationen der frühindustrialisierten Epoche, fernab der Romantik, die wir aus früheren Schilderungen kennen. Diese frühindustrialisierte Zeit und ein sich entwickelndes Großbürgertum brachten Achenbach und seine Seemalerei Erfolge in vielerlei Hinsicht ein. Zum einen ergaben sich aus den Errungenschaften der Moderne für den Künstler neue Möglichkeiten und Wege, zum anderen wurde Kapital freigesetzt, das neben vielem anderen auch in zeitgenössische Kunst investiert wurde. Achenbachs Schilderungen des Meeres spiegelten die Umbrüche des 19. Jahrhunderts wider. Es war eine Zeit der Reisen, der politischen Umbrüche und der geschäftlichen Expansion über die Grenzen hinaus, eine Zeit der sozialen und machtpolitischen Umbrüche in Deutschland, als sich aus der Kleinstaatlichkeit eine Nation entwickelte, als Grenzen fielen und dadurch die Freiheit des Reisens möglich wurde. Achenbachs Erfolg beruhte auch auf diesen Freiheiten. Er konnte einerseits durch eigene Reisen Erfahrungen sowie Eindrücke für seine Schilderungen sammeln und erleben, andererseits konnte er die wirtschaftlichen Erfolge der Industrialisierung nutzen und gewann somit eine neue bürgerliche Käuferschicht im In- und Ausland bis nach Übersee. Als „Herrscher über Land und Meer"[28] wurde Achenbach bezeichnet und dies zeigt die Anerkennung und Bewunderung, die ihm als Maler entgegengebracht wurde. Obwohl er selbst nie an der Düsseldorfer Kunstakademie unterrichtete, war er dennoch Lehrer und Ratgeber. Privatschüler unterrichtete er in seinem Atelier, wobei einige von ihnen auch Aufnahme in seinem Haus fanden. Der Ruhm der Düsseldorfer Akademie zog sie in die Stadt und der Ruhm Achenbachs zog die Verehrer seines Werks an, Sammler wie Schüler. An seinen Kompositionen schätzten die Zeitgenossen seine virtuose Handhabung, seine Fähigkeit, Pleinair-Effekte wiederzugeben.[29] Sowohl amerikanische als auch russische Studenten kamen in den Genuss, den Meister und seine Kunstauffassung kennenzulernen. So arbeitete zum Beispiel auch der russische Maler Bogoljubow, neben Aiwasowski einer der bedeutendsten russischen Marinemaler, von 1854

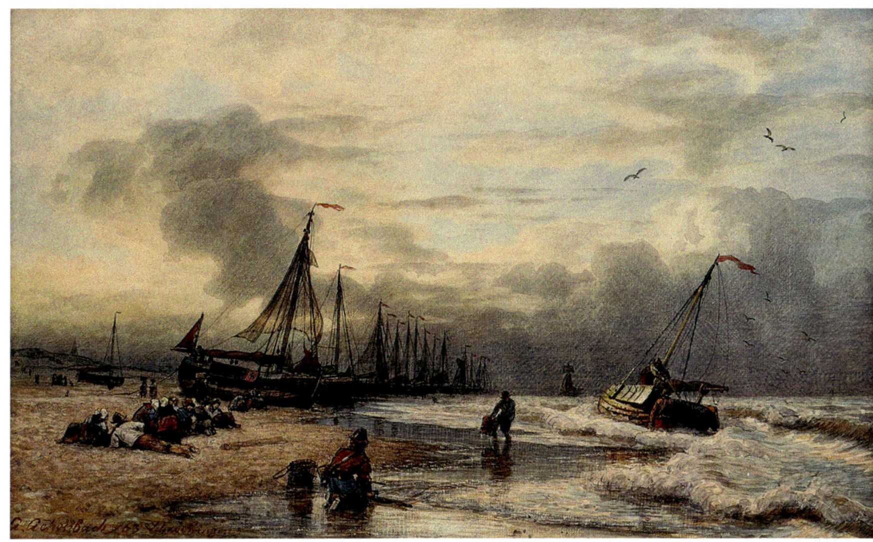

bis 1856[30] und von 1860 bis 1862[31] intensiv unter Anleitung Achenbachs in Düsseldorf und malte unter dessen Einfluss seine bedeutendsten Marinebilder.[32] Das 19. Jahrhundert war auch eine Zeit der Literatur und so verwundert es nicht, dass Andreas Achenbach mit seiner Malerei und die Darstellung der Seemotive

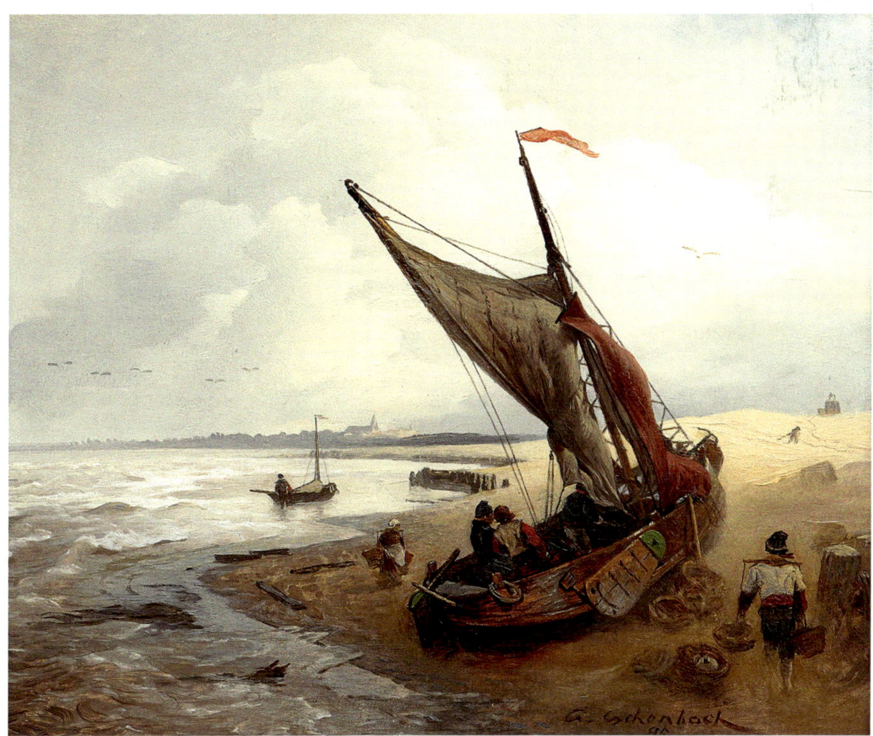

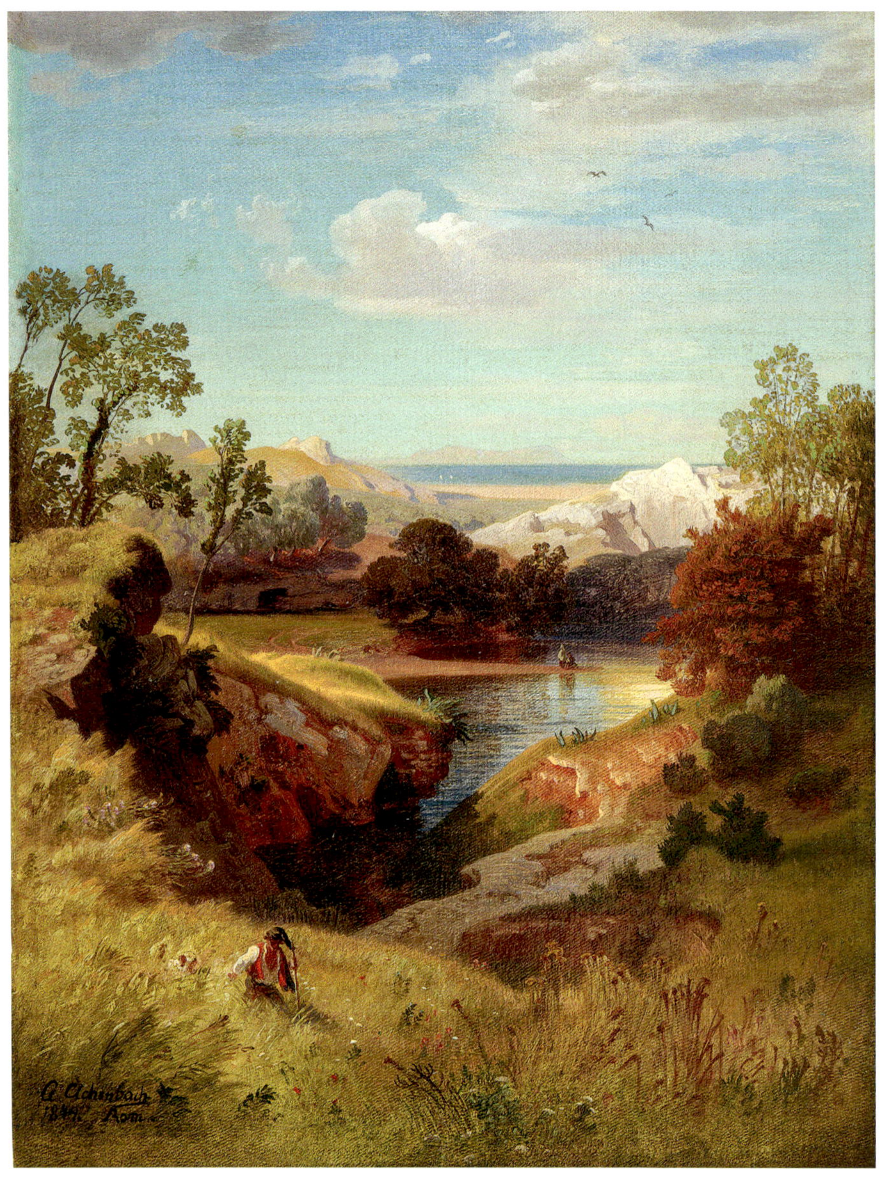

Er scherzte gern darüber und pflegte zu versichern, ‚daß ihm sein Lotterieglück, weil es ihn zu beständig neuen Ankäufen verführt habe, teuer zu stehen gekommen sei‘, hinzusetzend, ‚daß es vielleicht mit jedem Glücke dasselbe sei.‘"[33]

Erstmals im 19. Jahrhundert gab es den freien Künstler, der nicht durch Aufträge des Adels oder der Kirche lebte, sondern der frei seine Motive wählte. Galerien organisierten Ausstellungen, in denen die Arbeiten vorgestellt wurden, und übernahmen den Verkauf. Sammler konnten so auch die Unterschiedlichkeit der Kunst erkennen. Und all dies nutzte Achenbach erfolgreich aus. Aus seinen Briefen wissen wir, dass er „auf Bestellung" arbeiten konnte. Seine Erfolge bis nach Übersee brachten Wartezeiten für Gemälde von bis zu eineinhalb Jahren mit sich. Und meistens war er dann noch in der Motivwahl frei.

Seine Marinemalerei stellt den bedeutendsten Anteil an seinem Œuvre, die Schilderungen der Küsten des Nordens bis nach Italien, sowie die Strände und Häfen von der Nordsee bis zur Ostsee. Dies alles hat er unermüdlich festgehalten in Gemälden, Aquarellen, Zeichnungen, Skizzen und Studien sowie Karikaturen.

„Seine kühle Virtuosität hält die süßlichen Formen der Romantik und die pathetischen der Gründerzeit gleichermaßen auf Distanz. Der ‚Hafen von Amsterdam bei Mondschein‘ und erst recht das flirrende ‚Twilight‘ sind ganz aus Irrealem, aus Licht, Dunst und Nachtwind gewoben. In ihnen hüllt sich die rabiate Nüchternheit Achenbachs in einen Schleier, den man fast impressionistisch nennen möchte […]"[34]

Trotz aller Erfolge und Freiheiten war Achenbach gleichzeitig auch gefangen in der Erwartungshaltung seines Marktes und seiner Sammler. Seine Versuche, sich der moderneren Auffassung der Malerei anzuschließen, die wir aus den frühen Bildern aus Rom, 1844, dem *Alten Paar am Meer*, 1850 und *Twilight*, 1859, mit fast impressionistischer bzw. einer moderneren Farbauffassung kennen, blieben Ausnahmen. Die vorimpressionistischen Arbeiten Achenbachs konnten sich jedoch in der deutschen vorindustriellen Gründerzeit nicht durchsetzen, auch wenn uns aus der heutigen Sicht des Betrachtens gerade diese Bilder besonders ansprechen. Achenbach bediente seinen Markt, aber er kannte den Weg in die Moderne.

Dies beweist auch eine der letzten großen Auszeichnungen seiner Kunst, als er an der „Jahrhundertausstellung deutscher Kunst", 1906 in Berlin teilnahm, die die Kunst des 19. Jahrhundert aus dem Blickwinkel des Impressionismus präsentierte. Achenbach war einer der wenigen „Altmeister", die gewürdigt wurden. Ausgestellt wurde dort das Bild der italienischen Küste, entstanden in Rom im Jahre 1844.

Der nachstehende Bildteil zeigt einen Auszug aus der privaten Sammlung und vermittelt einen umfassenden Eindruck aus den unterschiedlichen Bereichen der Seemalerei Achenbachs.

dort Einzug fand. Theodor Fontane schreibt in seinem Roman *Irrungen, Wirrungen*: „In dem Eßzimmer befanden sich zwei Hertelsche Stilleben und dazwischen eine Bärenhatz, wertvolle Kopie nach Rubens, während in dem Arbeitszimmer ein Andreas Achenbachscher ‚Seesturm‘, umgeben von einigen kleineren Bildern desselben Meisters, paradierte. Der ‚Seesturm‘ war ihm bei Gelegenheit einer Verlosung zugefallen, und an diesem schönen und wertvollen Besitze hatte er sich zum Kunstkenner und speziell zum Achenbach-Enthusiasten herangebildet.

1 Heinrich Heine: O wie lieb ich das Meer. Ein Buch von der Nordsee, herausgegeben von Jan-Christoph Hauschild, Hamburg 2013, S. 8.

2 Heine 2013 (wie Anm. 1).

3 Heine 2013 (wie Anm. 1), S. 9.

4 Klaus-Peter Merta: Der Flottenbau, in: Deutsches Historisches Museum, herausgegeben vom Deutschen Historischen Museum, Berlin 2004.

5 Vgl. den ausführlichen Bericht ein Jahr nach der Gründung in Anonym: Die deutsche Gesellschaft zur Rettung Schiffbrüchiger, in: Die Gartenlaube, Heft 22, Leipzig 1866, S. 343–344.

6 http://www.watthanse.de/gott-segne-unseren-Strand-Borkum-und-das-Strandrecht/.

7 Jules Michelet: Das Meer, Frankfurt 2006, S. 78.

8 Michelet 2006 (wie Anm. 7).

9 Die zu diesem Unglück wiedergegebenen Fakten nach: Jens Bald: Schiffsfriedhof Emsmündung: Strandungen vor der Insel Borkum, Teil 1. Deutsches Schiffahrtsarchiv. Zeitschrift des Deutschen Schiffahrtsmuseums, Nr. 22, 1999, S. 141–158, hier: S. 154–157.

10 Zit. nach Anonym: Rettungsstationen an deutschen Küsten. Eine Mahnung an die deutsche Nation, in: Die Gartenlaube, Heft 51, Leipzig 1861, S. 811–814.

11 Lars Scholl/Martina Sitt: Der Untergang der „President". Ein Gemälde des Düsseldorfer Malers Andreas Achenbach. Deutsches Schiffahrtsarchiv, Zeitschrift des Deutschen Schiffahrtsmuseums, 22, Oldenburg 1999, S. 425–456. Zum Eisberg und die dementierten Gerüchte darum siehe S. 443 f.

12 Vgl. zum Künstler allgemein: Bettina Baumgärtel/Wolfgang Peiffer/Matthias Winzen (Hgg.): Andreas Achenbach, Revolutionär und Malerfürst, Ausstellungskat. Museum für Kunst und Technik des 19. Jahrhunderts und Museum Kunstpalast, Düsseldorf, Oberhausen 2016. Zum Auftrag und den fehlenden Quellen hierzu vgl. Scholl/Sitt 1999 (wie Anm. 11), S. 446 f.

13 Vgl. zu diesem Blatt. Wolfgang Peiffer: Andreas Achenbach – Das druckgraphische Werk, Oberhausen 2014, S. 174, Werkvz.-Nr. 1851/2. Es sind lediglich 6 Exemplare bekannt.

14 Brief von Achenbach an Jos. Longworth, Cincinnati, vom 10. Dezember 1866, Sammlung W. Peiffer.

15 Vgl. zu diesem Thema generell: R. G. Grant: Wächter der See. Die Geschichte der Leuchttürme, Köln 2018.

16 Zit. nach Michelet 2006 (wie Anm. 7), S. 77.

17 Hermann Achenbach: Tagebuch meiner Reise nach den Nordamerikanischen Freistaaten: Oder: Das neue Kanaan, 1835, S. 29.

18 Die Jugenderinnerungen Andreas Achenbachs, abgefasst im Dezember 1960, zit. n. Kölnische Zeitung, Köln, 30. November 1919, Nr. 1086, Morgenausgabe, 2. Blatt.

19 Ulf Häder: Künstler der Düsseldorfer Malerschule an der holländischen Nordseeküste, in: Ekkehard Mai (Hg.): Mensch und Meer, Petersberg 2014, S. 18.

20 Hermann Achenbach: Skizzen aus Norden, oder: Erinnerungen eines Ausruhenden, Düsseldorf 1836, S. 17.

21 Achenbach 1836 (wie Anm. 20), S. 32.

22 Achenbach 1836 (wie Anm. 20), S. 40.

23 Johann Heinrich Blasius: Reise im Europäischen Russland in den Jahren 1840 und 1841, Braunschweig 1844, Bd. 1, S. 11.

24 Irene Haberland: Küsten- und Strandmotive, in: Andreas Achenbach, Revolutionär und Malerfürst, Ausstellungskatalog Baden-Baden, 2016, S. 159–161, Zitate nach Achenbach 1836 (wie Anm. 20).

25 Achenbach 1835 (wie Anm. 17), S. 42, 43.

26 Kraan 1985, zitiert von Häder 2014 (wie Anm. 19), S. 18.

27 Häder 2014 (wie Anm. 19).

28 Die Dioskuren, Bd. 6, Heft 42 vom 20. Oktober 1861, S. 357.

29 Galina Čurak: Russische Maler in Düsseldorf – Annäherung und Parallelen, in: Die Düsseldorfer Malerschule, Band 1, Petersberg 2011.

30 Wend von Kalnein: Der Einfluß Düsseldorfs auf die Malerei außerhalb Deutschlands, in: Wend von Kalnein (Hg.): Die Düsseldorfer Malerschule, Mainz 1979.

31 Bettina Baumgärtel, Sabine Schroyen, Lydia Immerheiser, Sabine Teichgröb: Verzeichnis der ausländischen Künstler und Künstlerinnen – Nationalität, Aufenthalt und Studium, in: Die Düsseldorfer Malerschule, Band 1, Petersberg 2011.

32 Baumgärtel u. a. 2011 (wie Anm. 31).

33 Theodor Fontane: Irrungen, Wirrungen, Vossische Zeitung, 1887, 6. Kapitel.

34 Andreas Kilb, in: Frankfurter Allgemeine 06.09.2017.

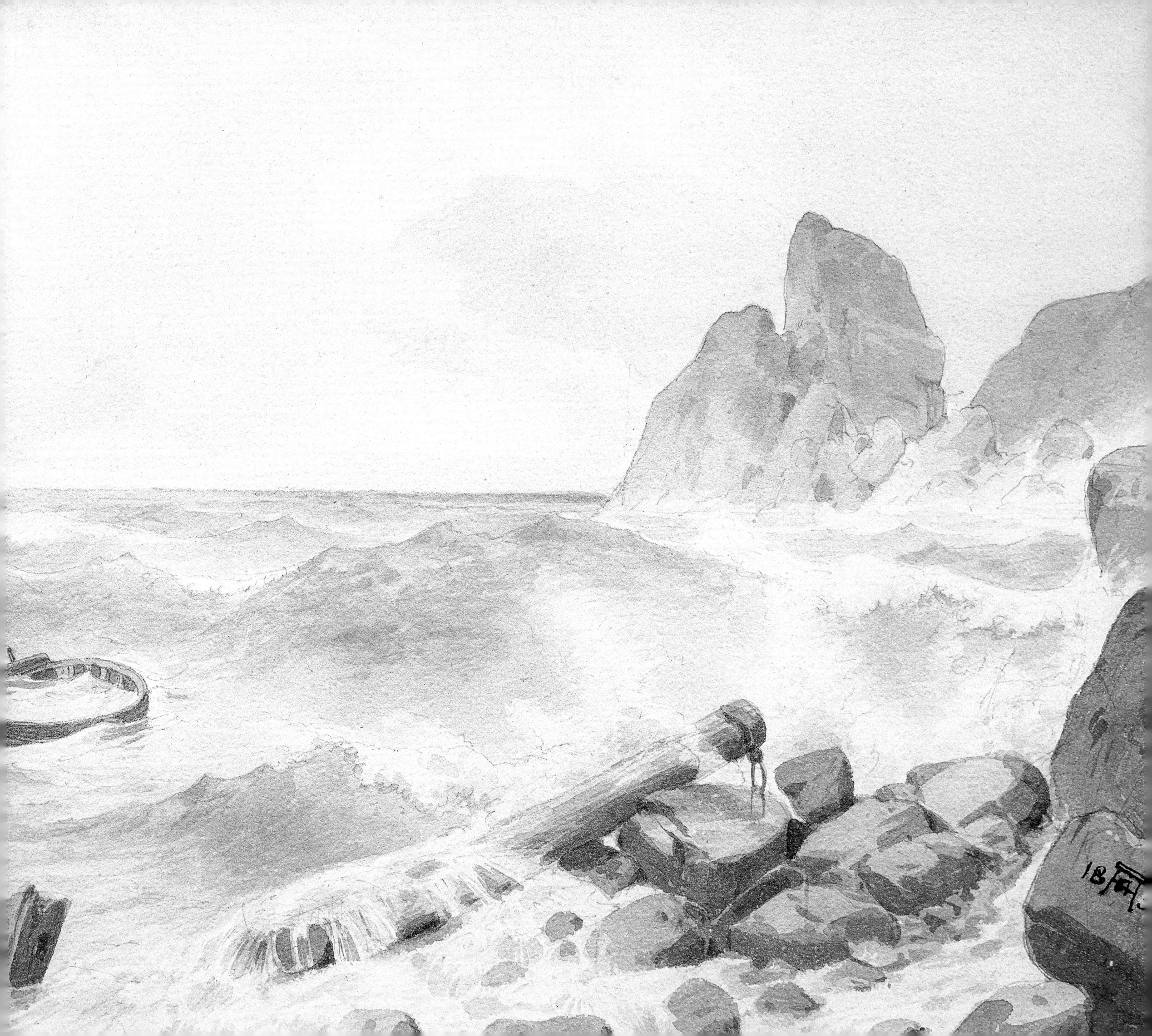

Die Sammlung

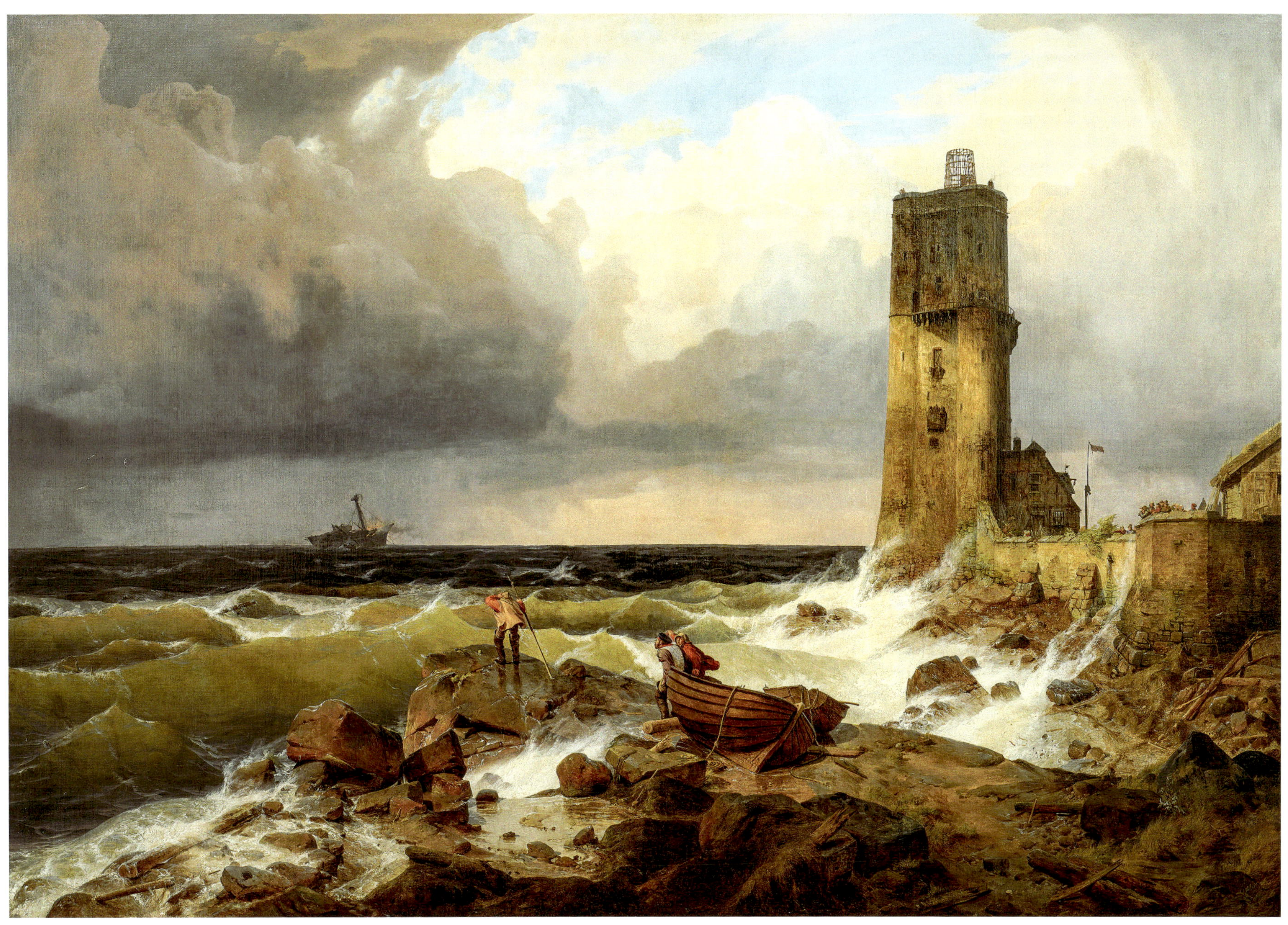

128 cm x 187 cm
r. u. sign. u. dat. 1836
Öl auf Leinwand
Provenienz: Prinz Friedrich von Preußen, 1836
aufgeführt im Boetticher, lfd. Nr. 19

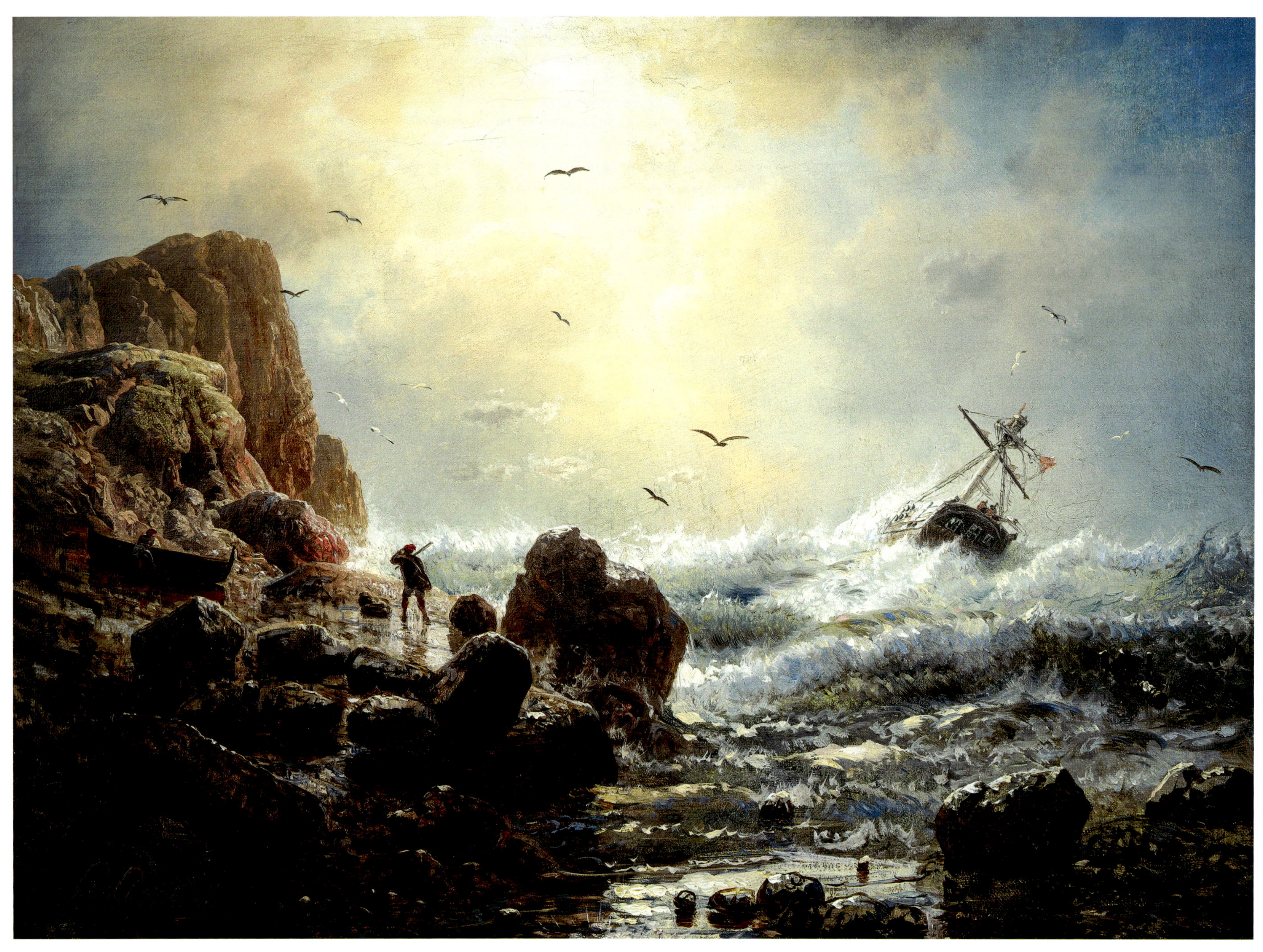

38 cm x 52 cm
l. u. sign. u. dat. 1848
Öl auf Leinwand

24

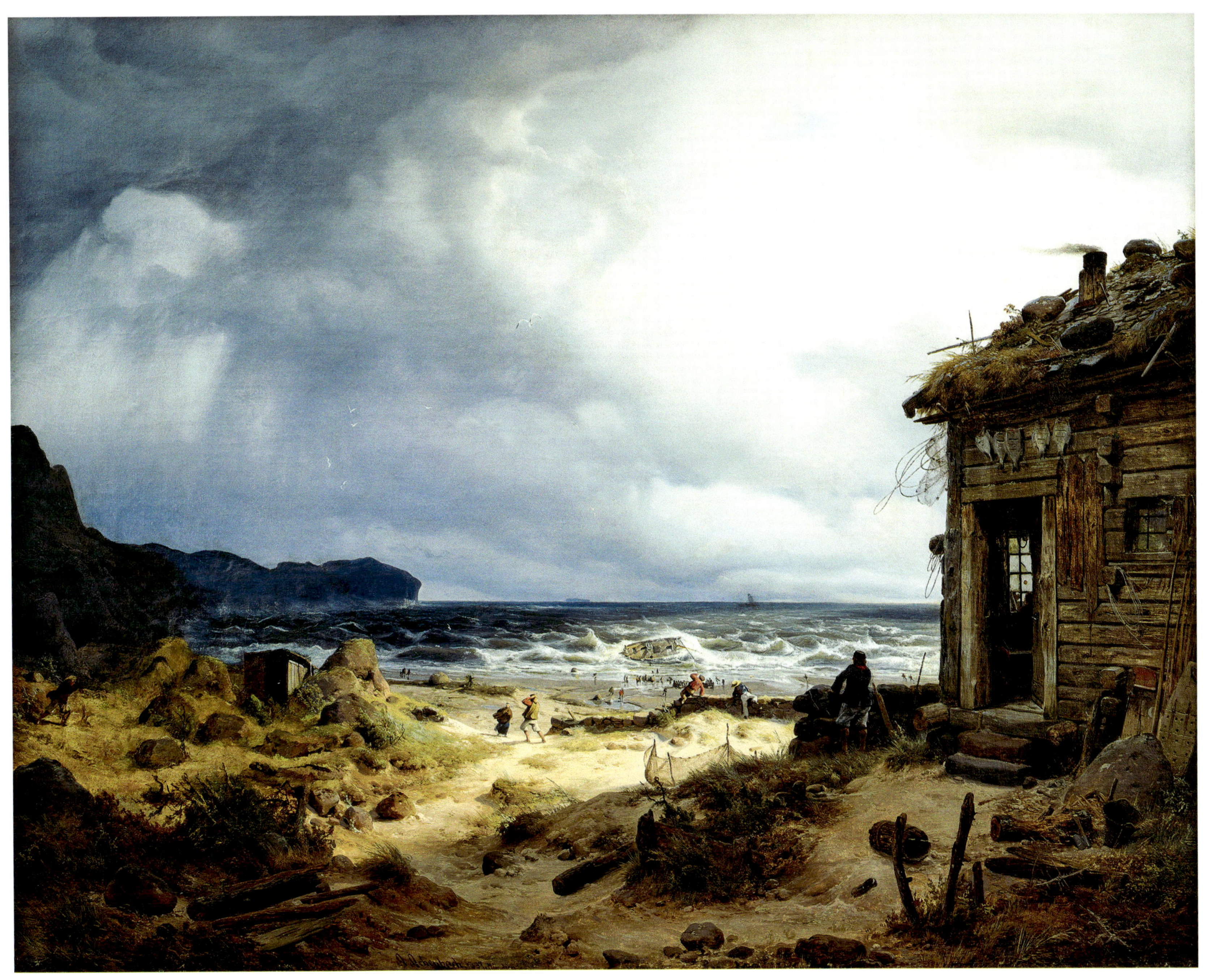

91 cm x 113 cm
M. u. sign. u. dat. 1837 und mit „München" bezeichnet
Öl auf Leinwand

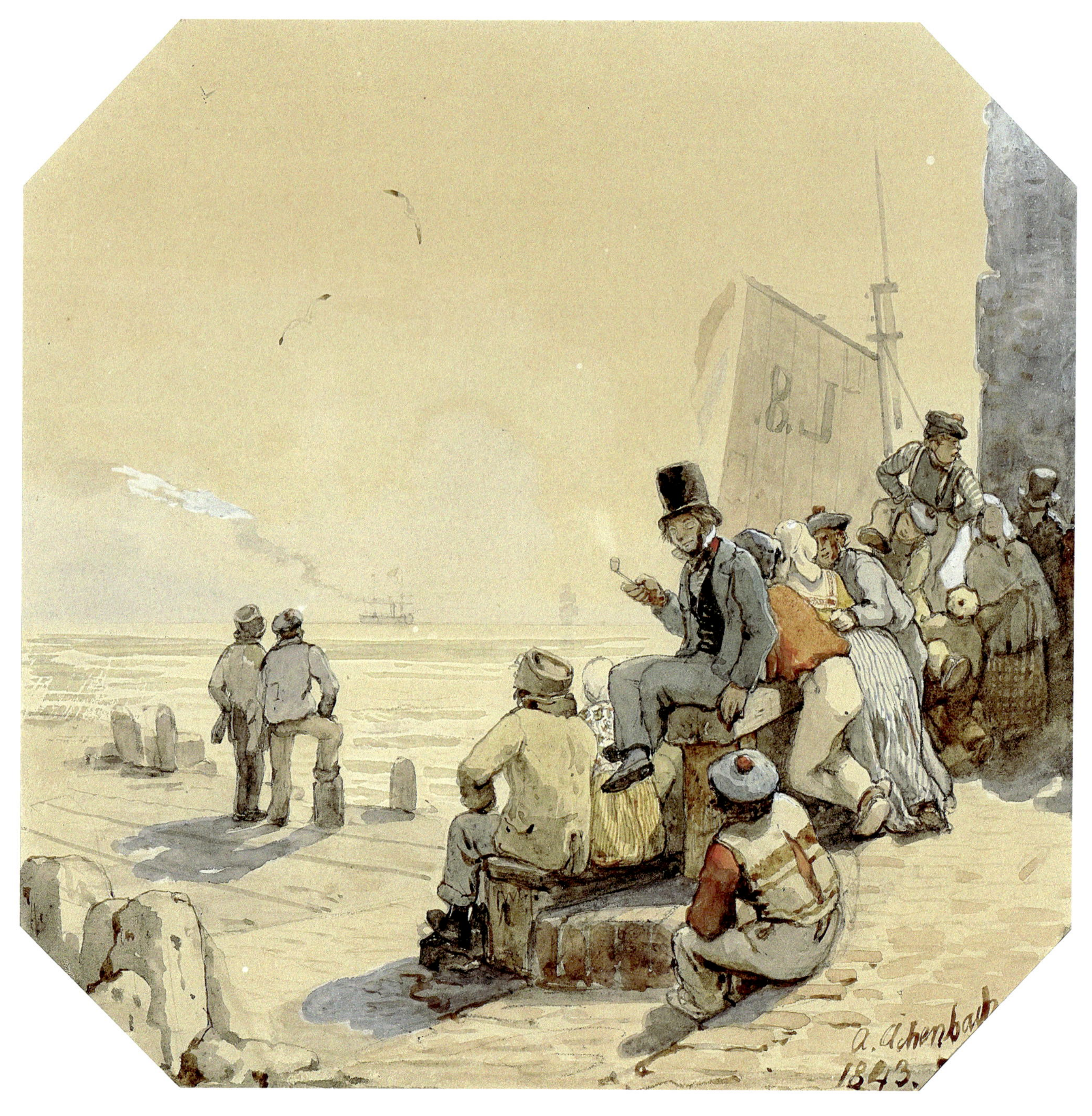

HAFENSZENE; WARTEN AUF DIE EINSCHIFFUNG

19 cm x 19,5 cm
r. u. sign. u. dat. 1843
Aquarell auf Karton
vom Künstler als Oktogon beschnitten

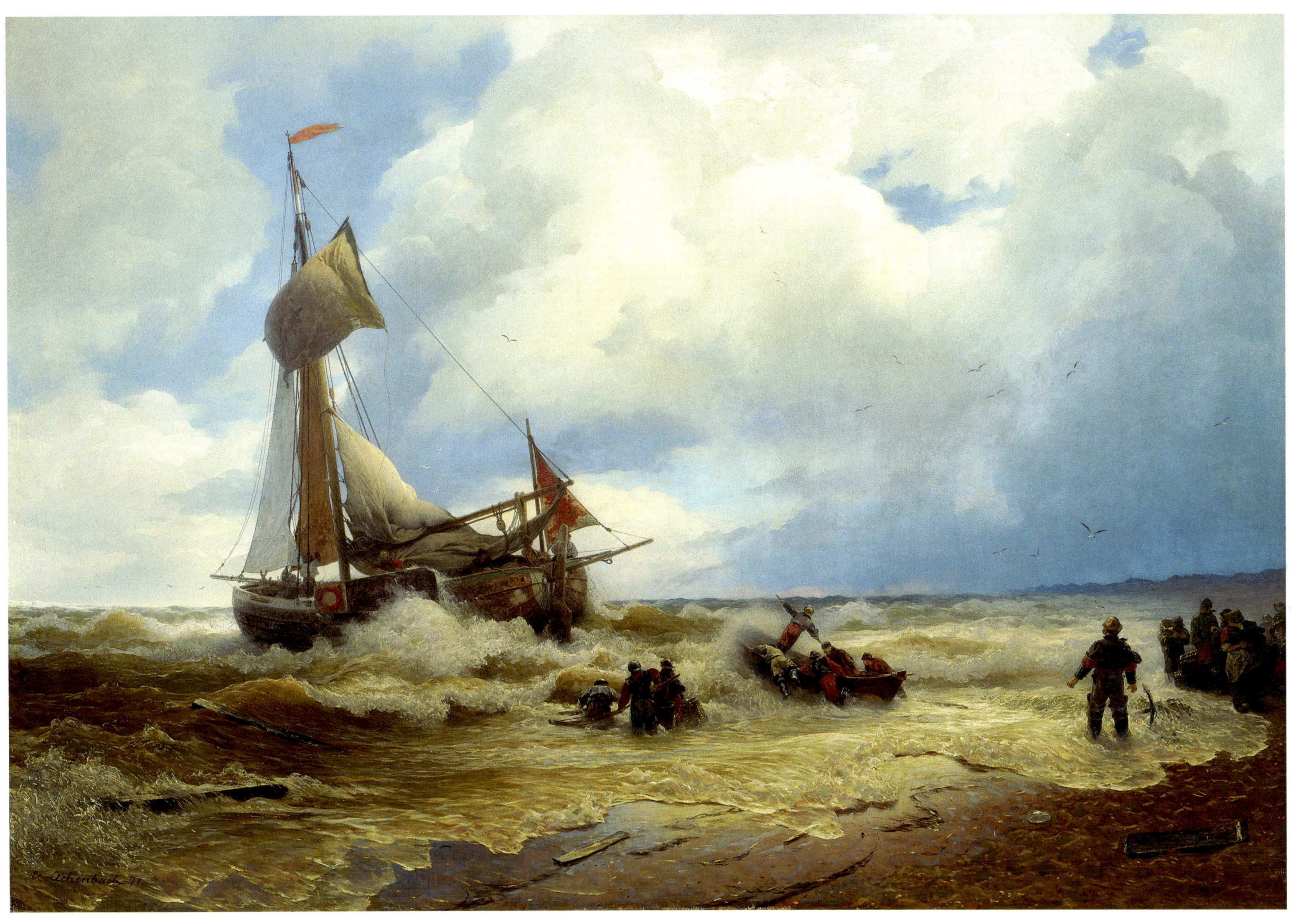

EINSCHIFFUNG BEI STURM

150 cm x 227 cm
l. u. sign. u. dat. (18)71
Öl auf Leinwand

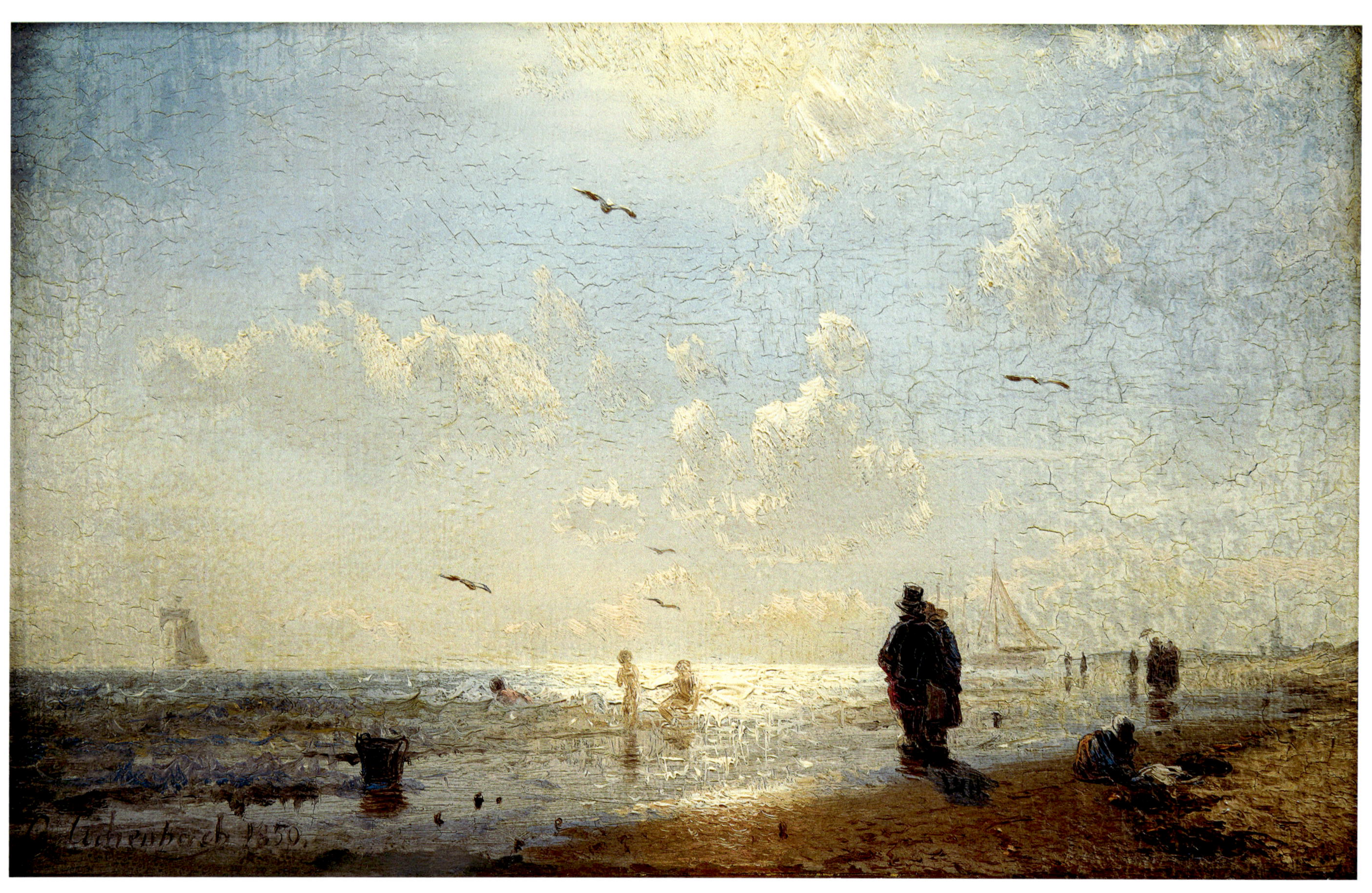

ALTES PAAR AM MEER

17,5 cm x 28,5 cm
l. u. sign. u. dat. 1850
Öl auf Holz

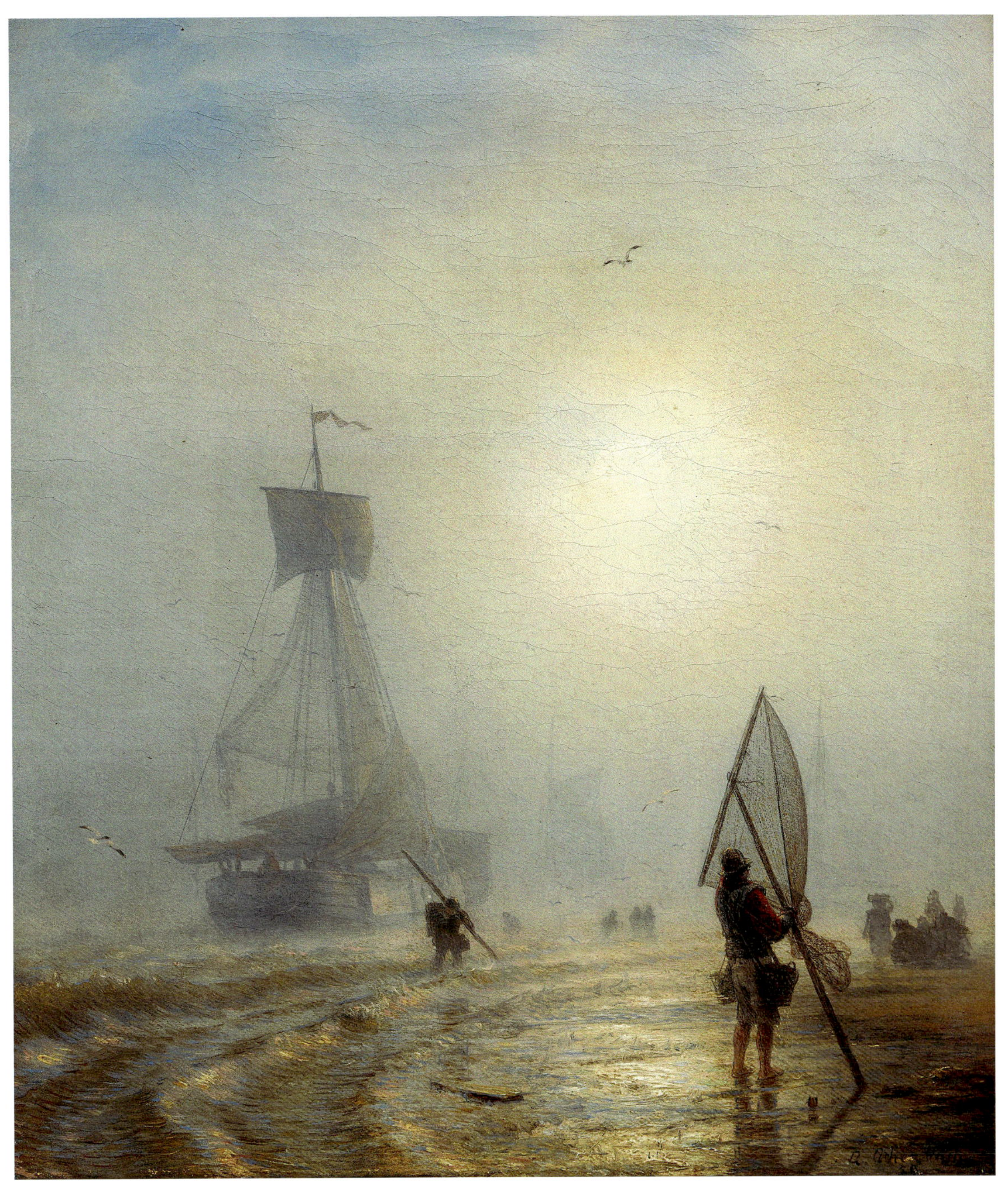

Twilight

45 x 38 cm
r. u. sign. u. dat. (18)59
Öl auf Leinwand

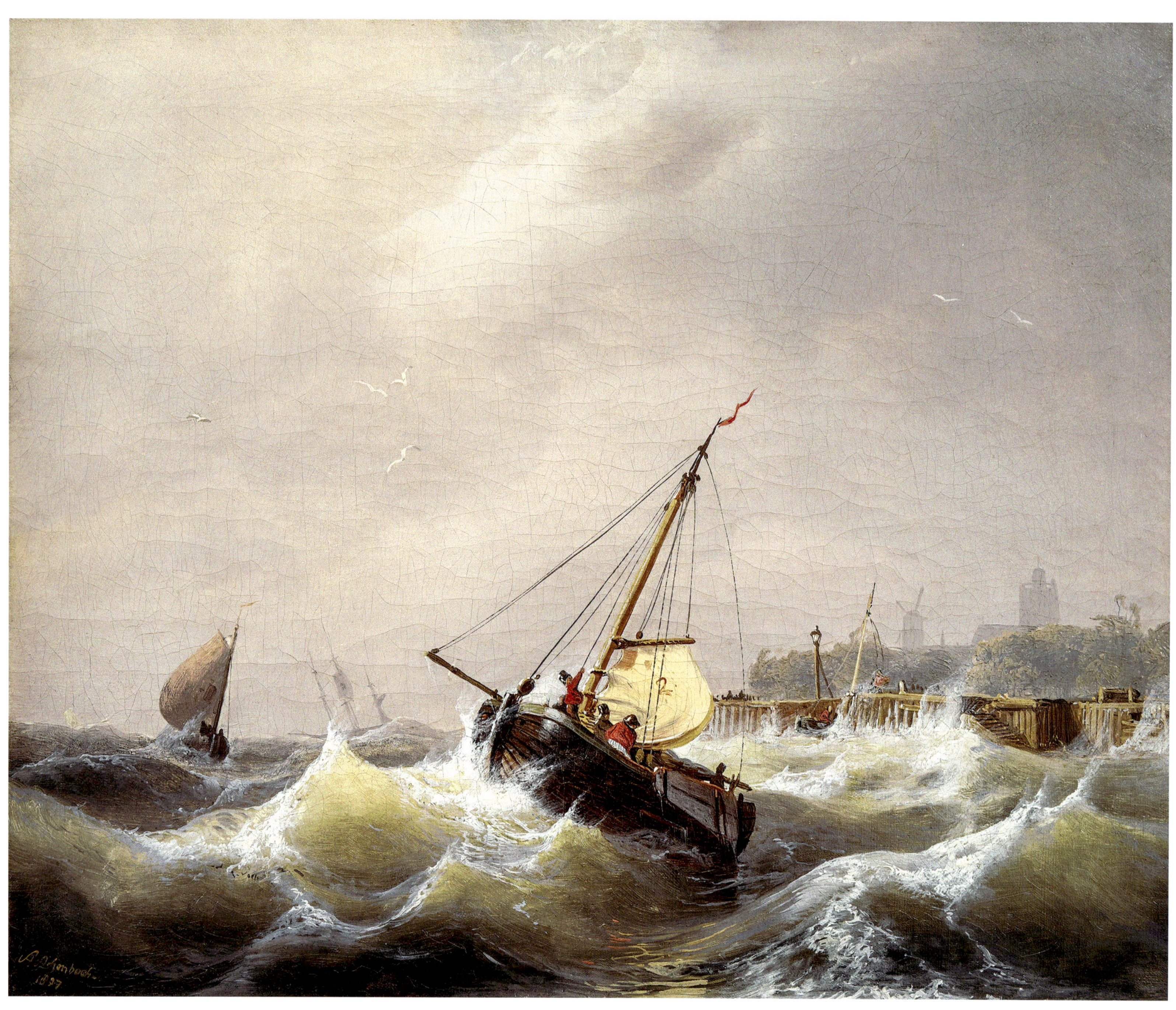

STÜRMISCHE HAFENEINFAHRT

31,8 cm x 39,2 cm
l. u. sign. u. dat. 1837
Öl auf Leinwand

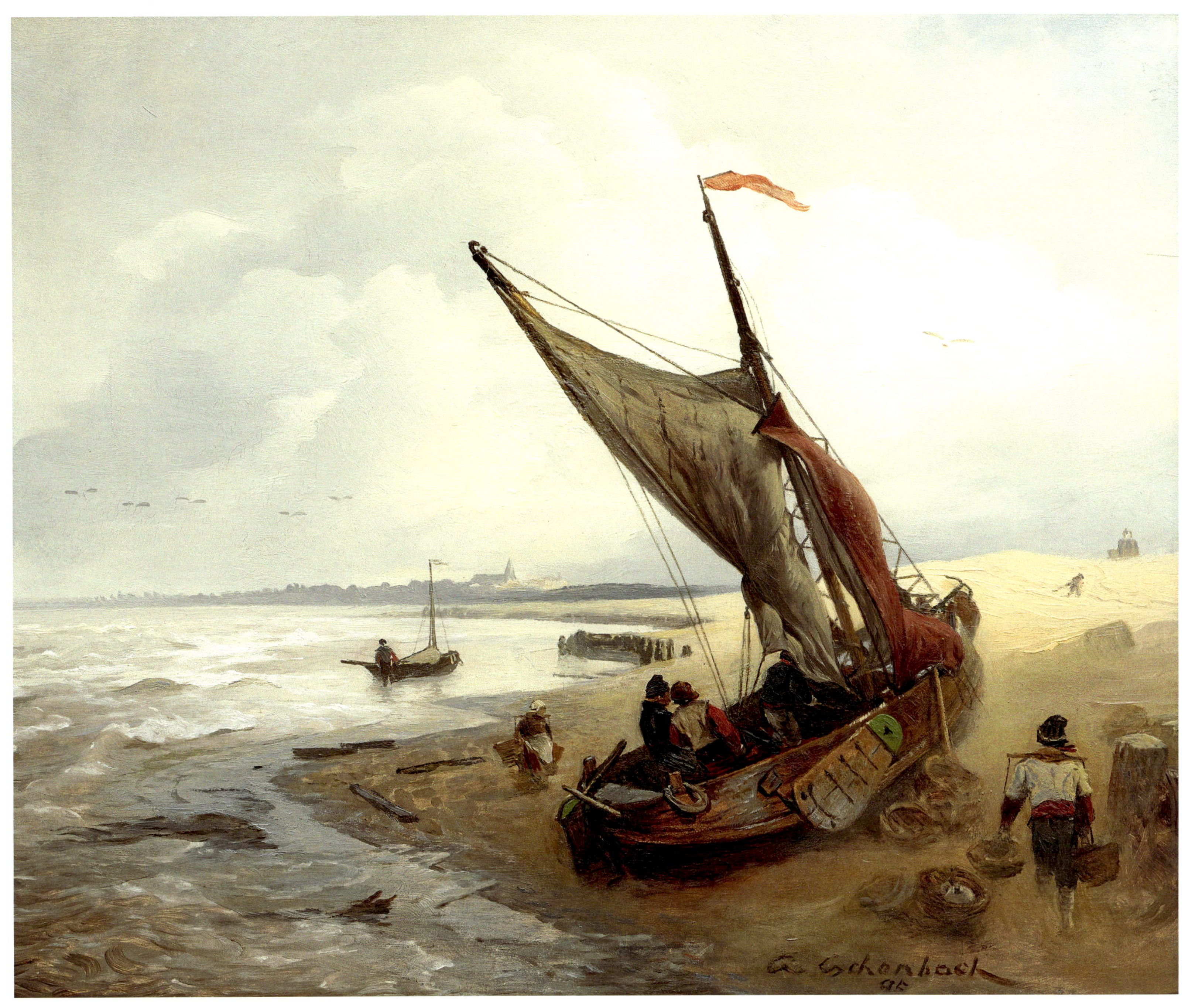

FISCHERBOOTE AN DER KÜSTE

37 cm x 46 cm
r. u. sign. u. dat. (18)95
Öl auf Holz

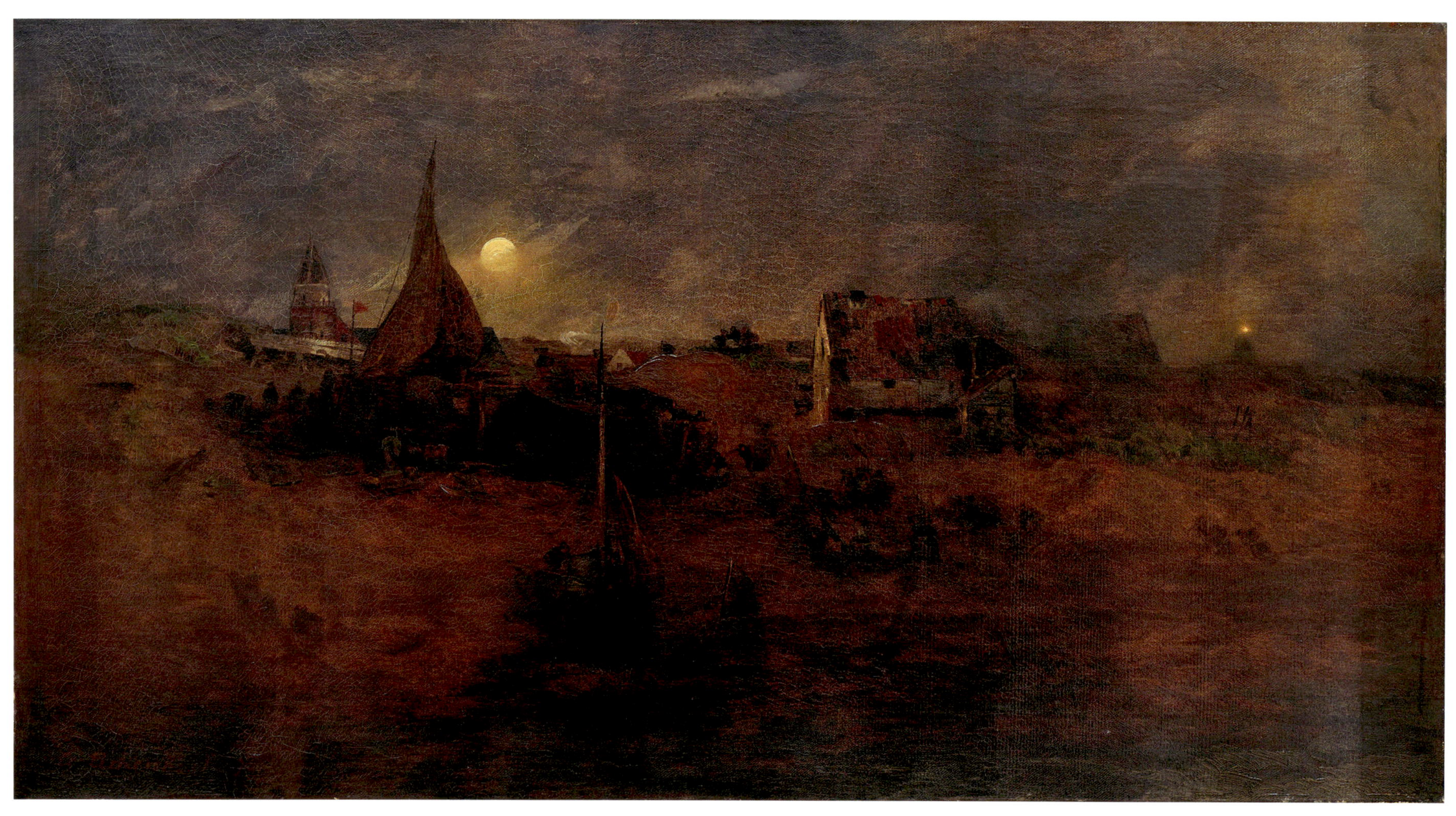

FISCHERDORF IM MONDSCHEIN (Originaltitel)

58 cm x 110 cm
l. u. sign. u. dat. (18)72
Öl auf Leinwand
aufgeführt im Boetticher, lfd. Nr. 149

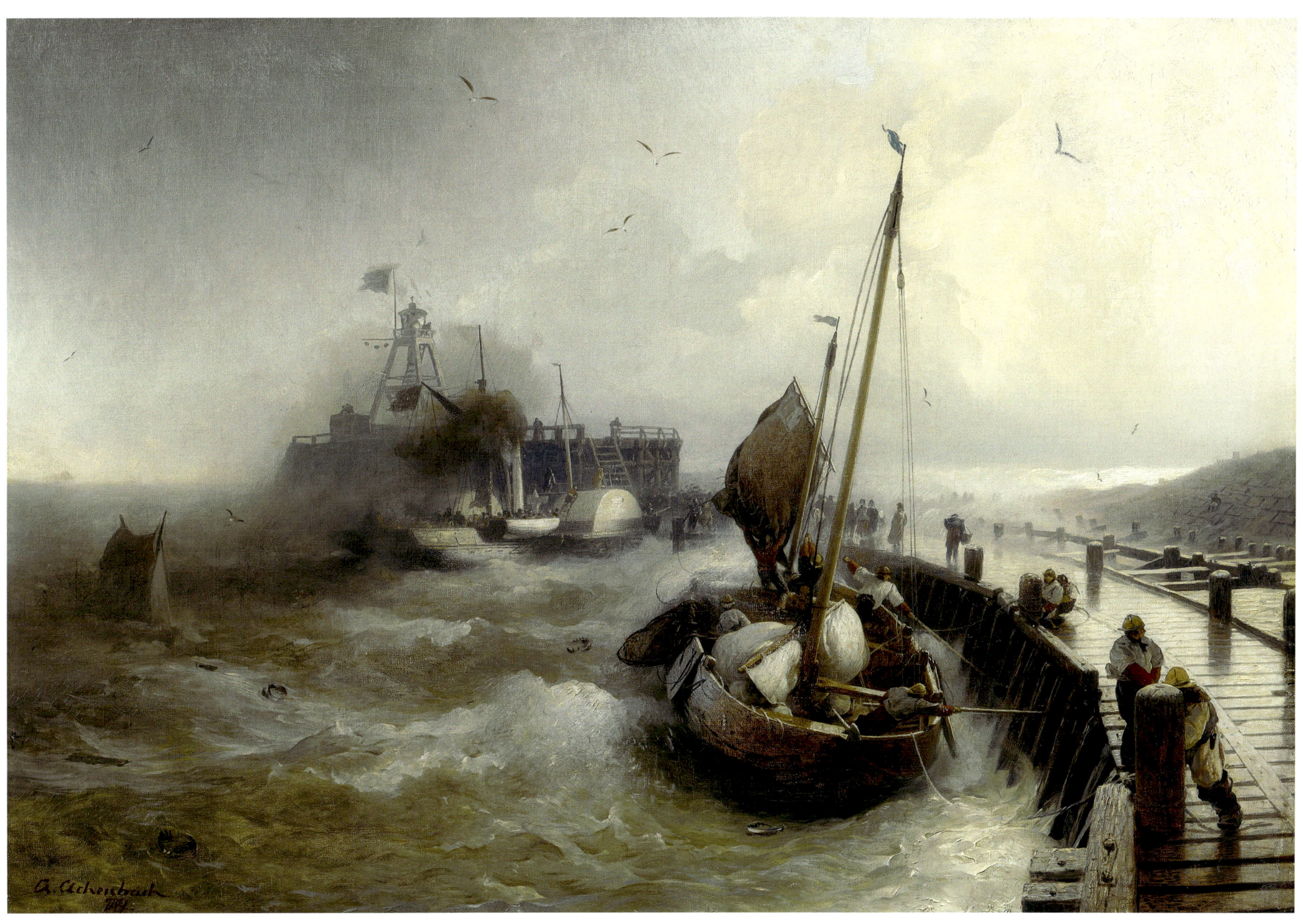

STURM IM HAFEN VON OSTENDE

68,5 cm x 101 cm

l. u. sign. u. dat. (18)79

Öl auf Leinwand

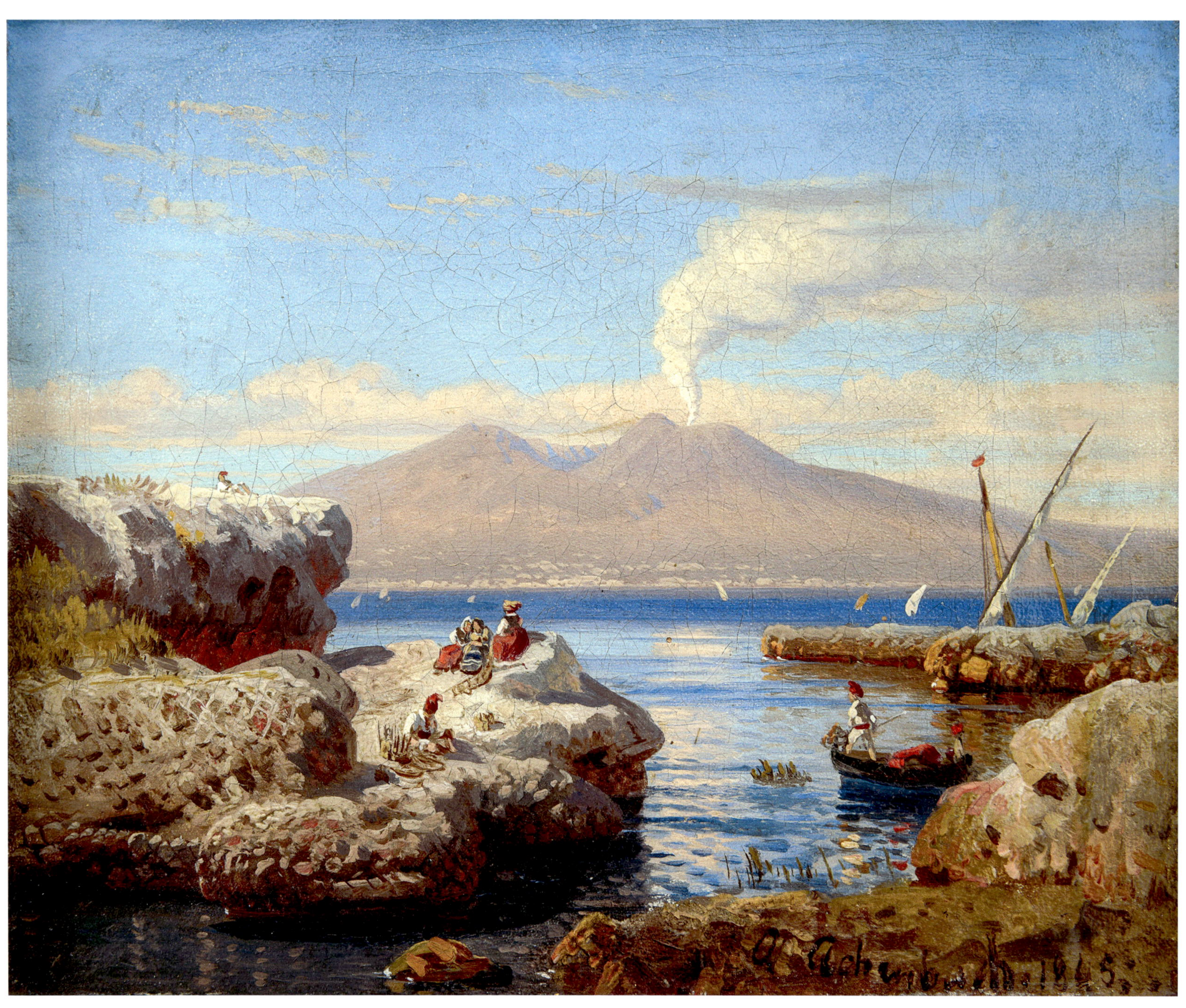

Bucht von Neapel mit Blick auf den rauchenden Vesuv

17 cm x 21 cm
r. u. sign. u. dat. 1845
Öl auf Leinwand

34

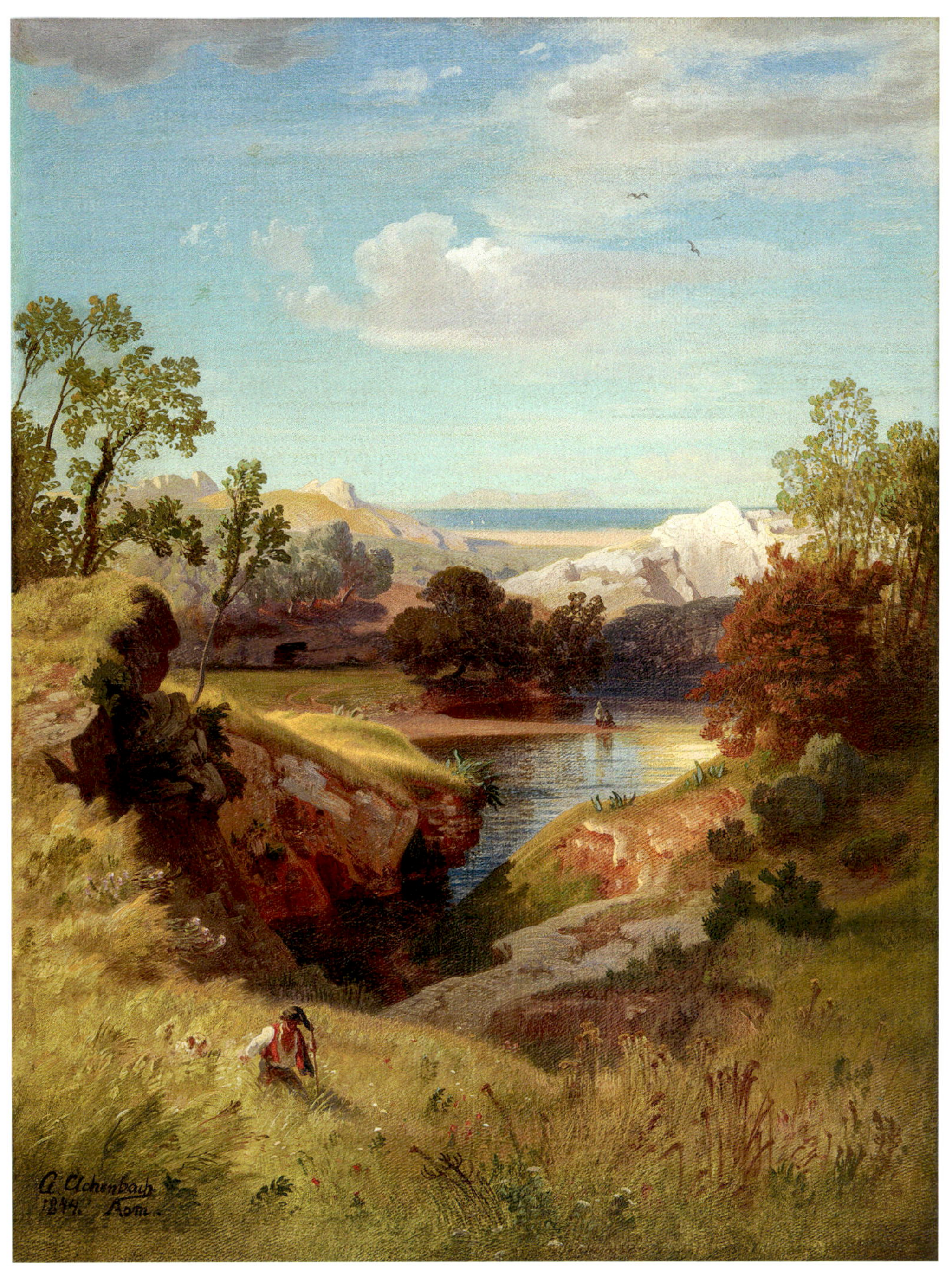

RÖMISCHE LANDSCHAFT

39,5 cm x 30,8 cm
l. u. sign. u. dat. 1844 und mit „Rom" bezeichnet
Öl auf Leinwand

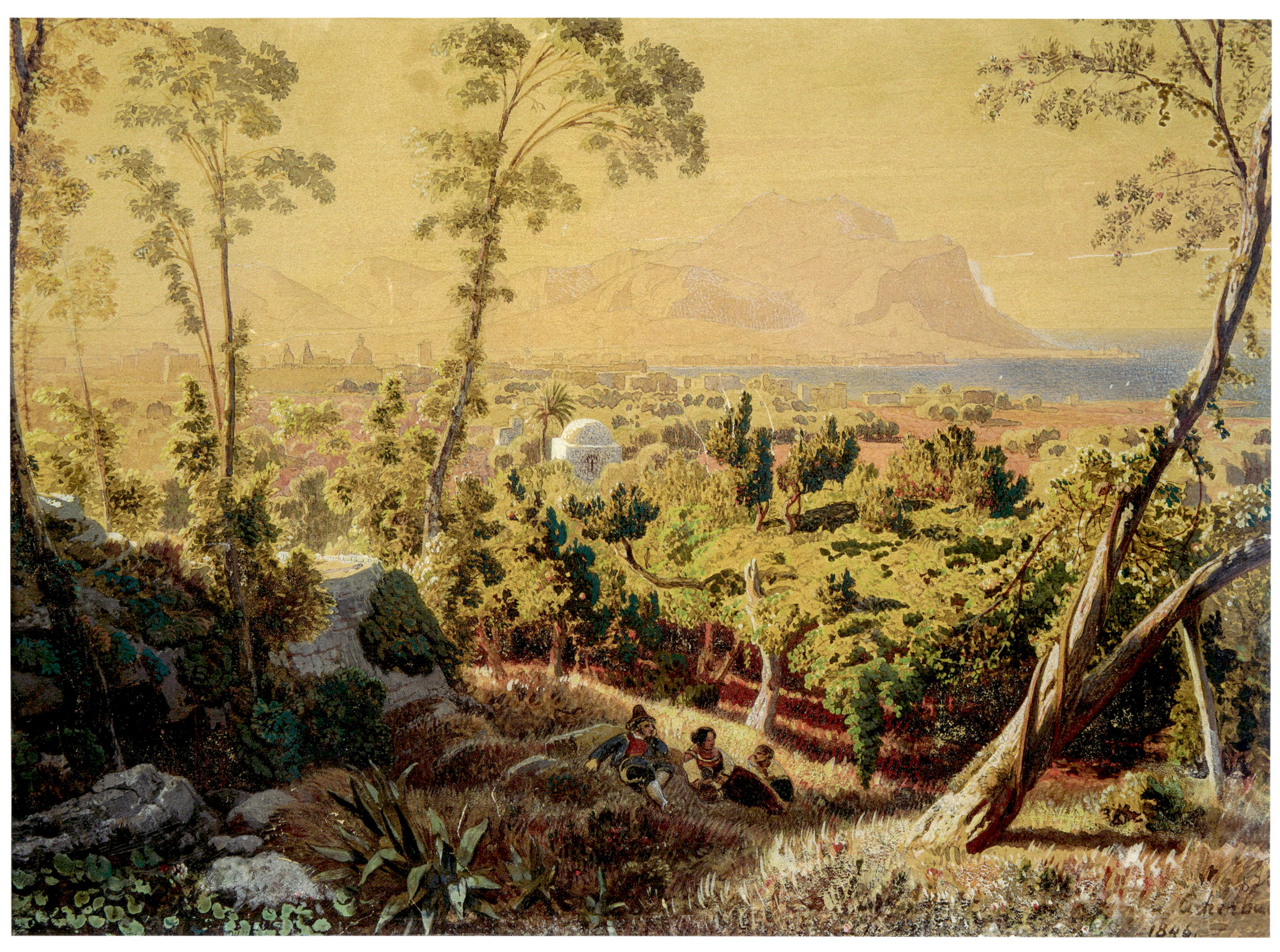

Küste von Palermo

21,2 cm x 29,7 cm
r. u. sign. u. dat. 1846
Aquarell auf Papier

36

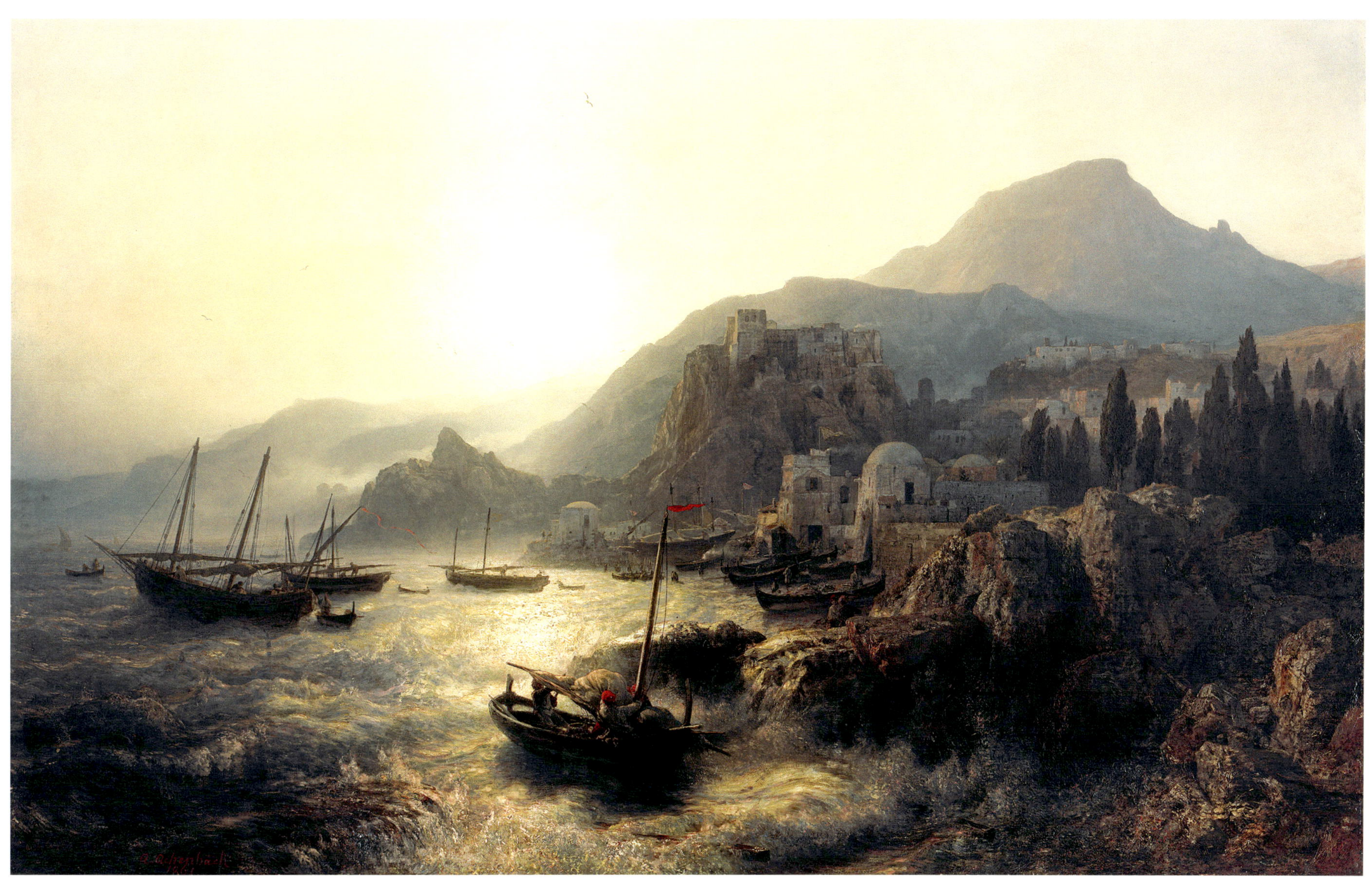

SCILLA, KALABRISCHE KÜSTE

112 cm x 172,5 cm
l. u. sign. u. dat. 1861
Öl auf Leinwand

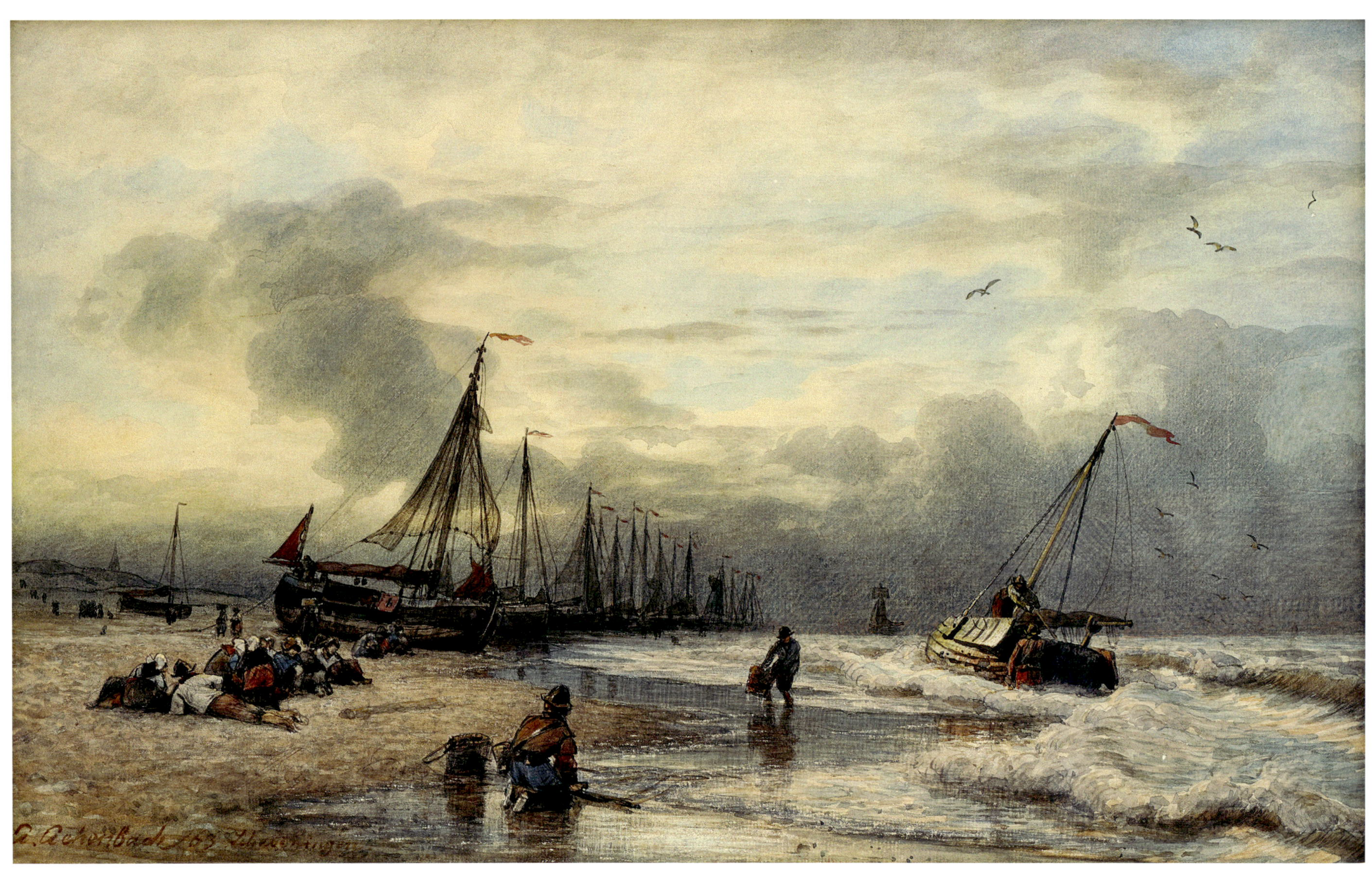

FISCHERBOOTE IN SCHEVENINGEN

27 cm x 45 cm
l. u. sign. u. dat. (18)63 und mit „Scheveningen" bezeichnet
Aquarell auf Papier

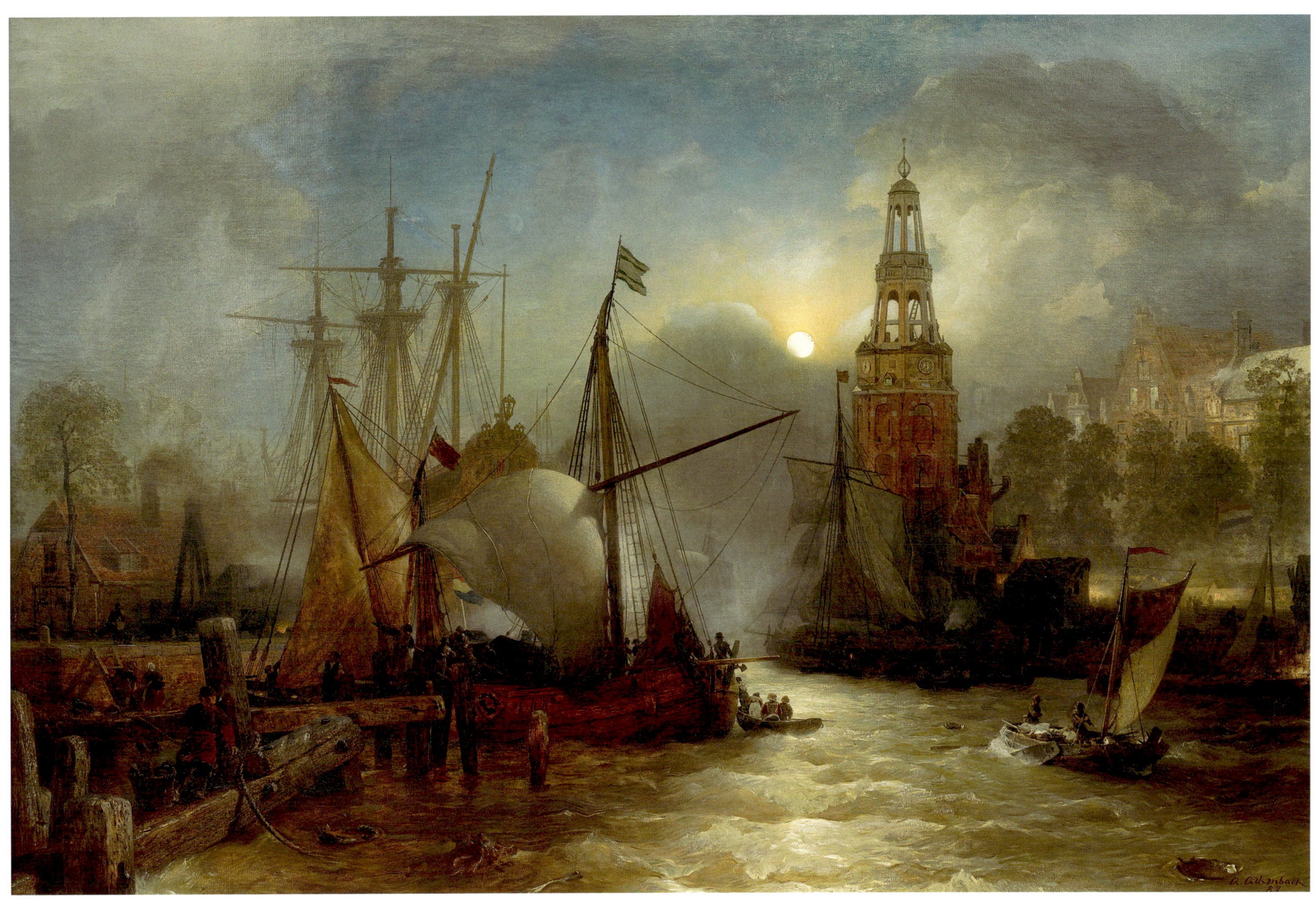

Hafen von Amsterdam bei Mondschein

104 cm x 159 cm
r. u. sign. u. dat. (18)87
Öl auf Leinwand

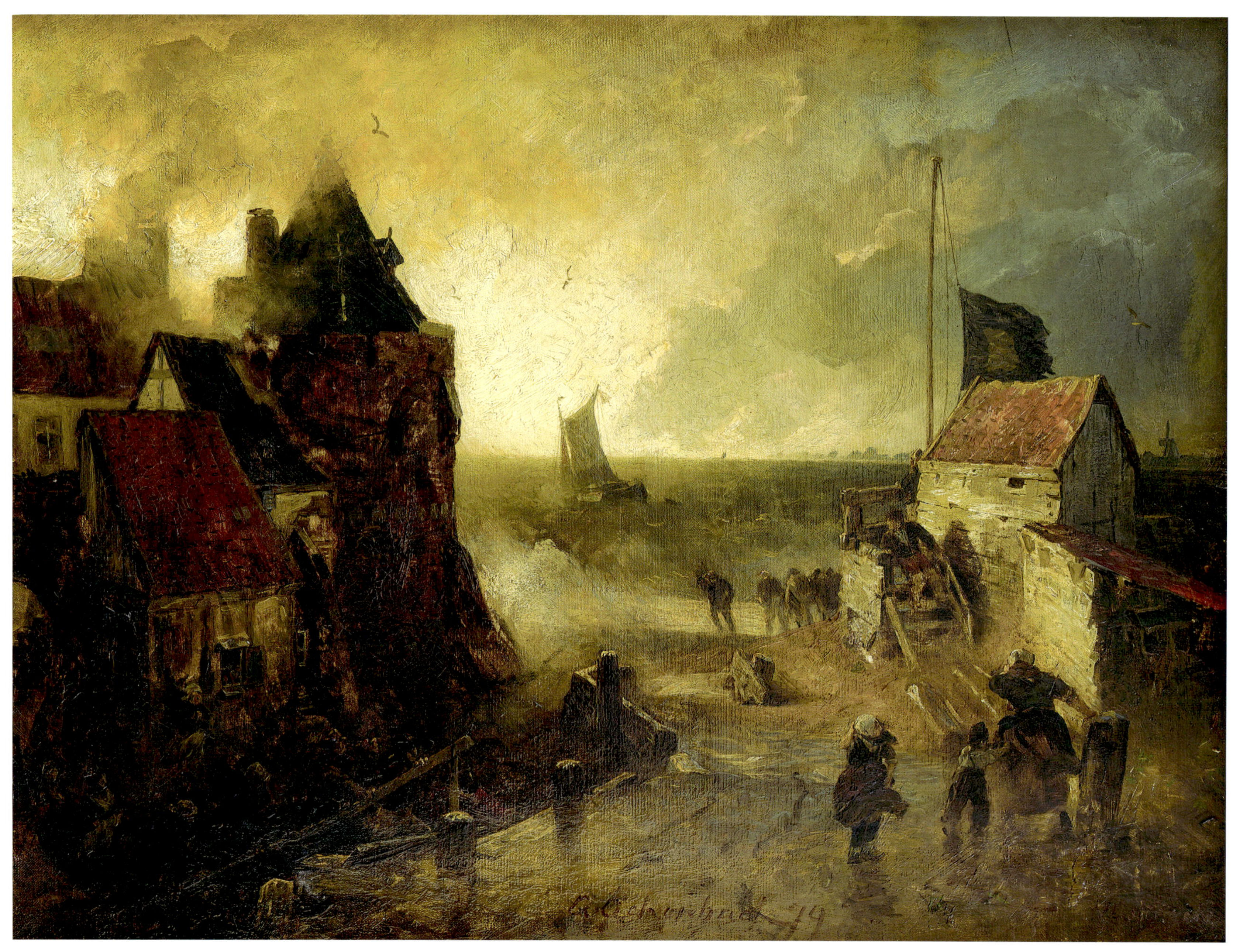

53 cm x 71 cm
M. u. sign. u. dat. (18)79
r. u. mit *Vlissingen* bezeichnet
Öl auf Leinwand

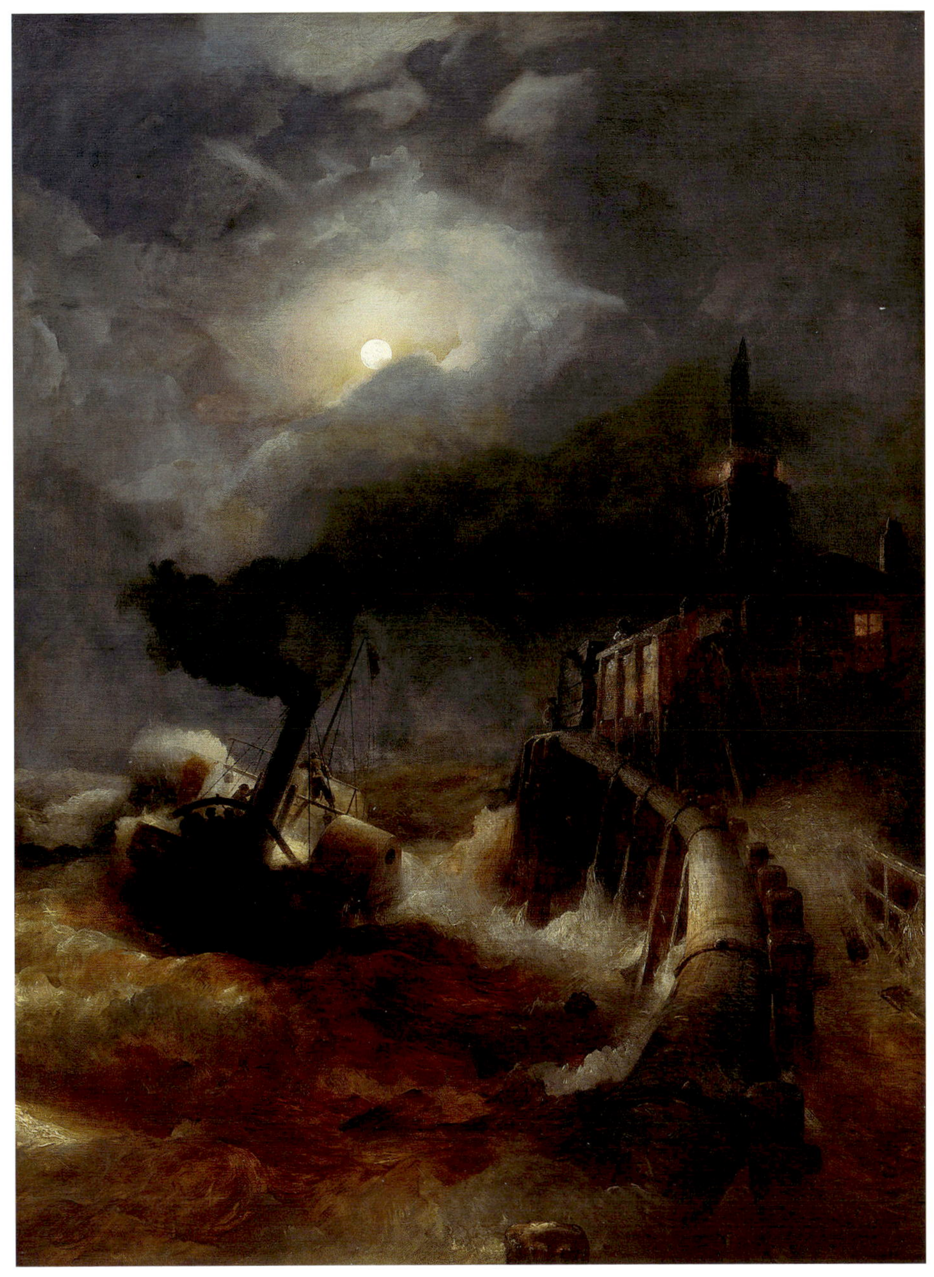

130 cm x 100 cm
r. u. sign. u. dat. (18)8(3)
Öl auf Leinwand
aufgeführt im Boetticher, lfd. Nr. 255
Von diesem Gemälde erfolgte 1896 eine Photogravüre durch die Gesellschaft für vervielfältigende Kunst, Wien und eine ganzseitige Abbildung in
„Geschichte der Düsseldorfer bildenden Kunst im Neunzehnten Jahrhundert" von Friedrich Schaarschmidt, 1902.

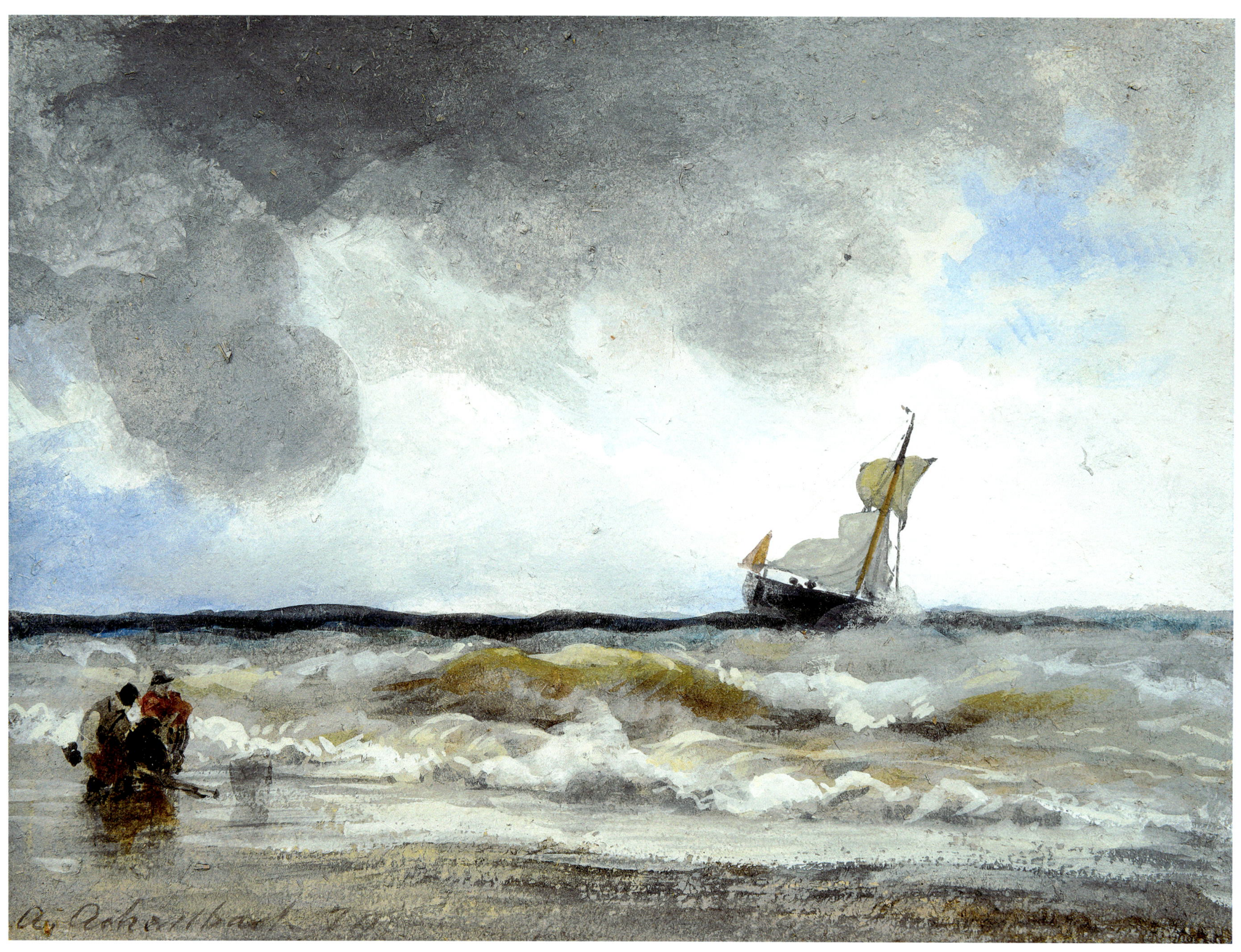

Küste bei bewölkter See

20 cm x 27,5 cm
l. u. sign. u. dat. (18)74
Aquarell auf Karton

42

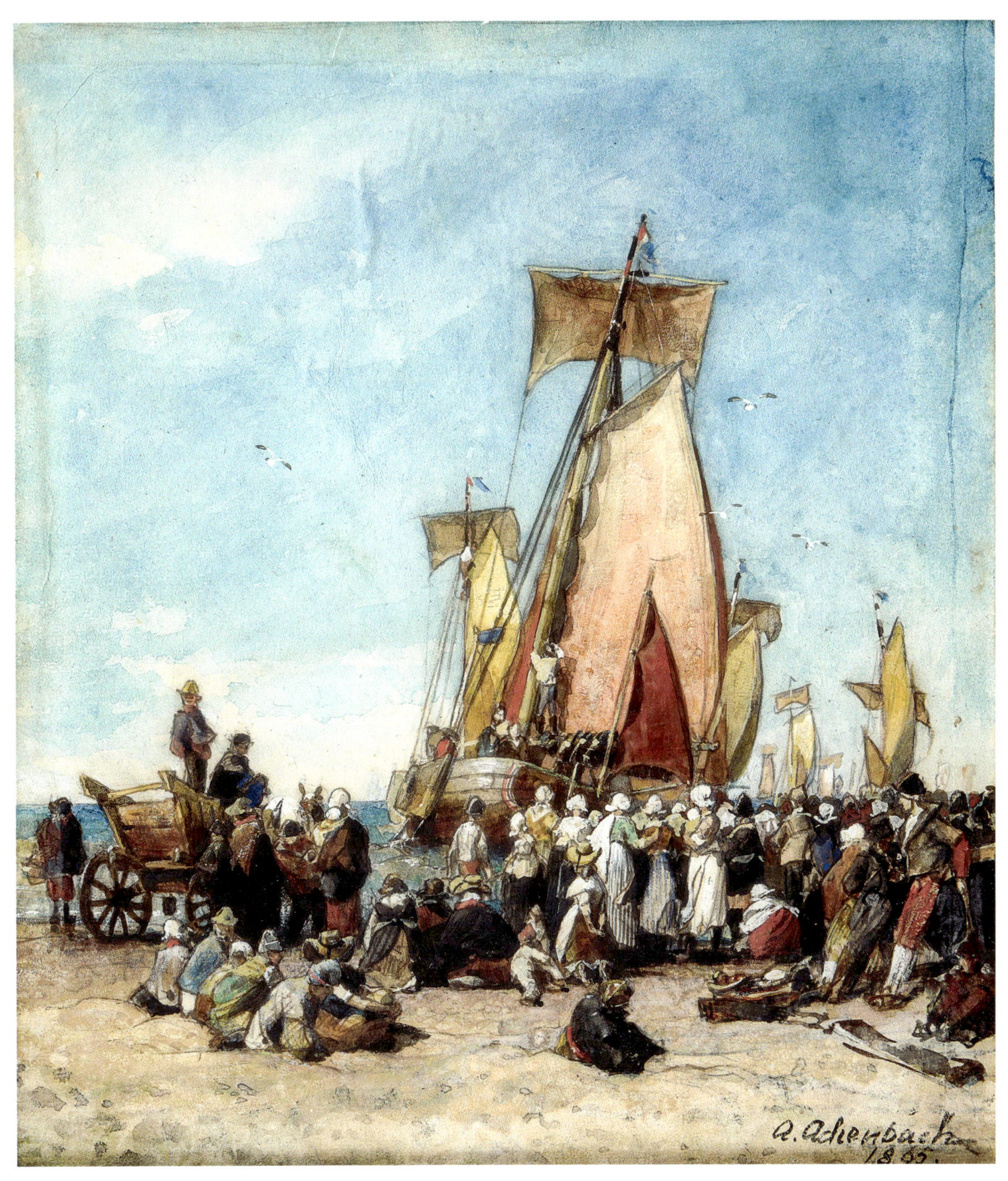

ABFAHRT DER HERINGSFISCHER

32 cm x 28,5 cm
r. u. sign. u. dat. 1865
Aquarell auf Papier

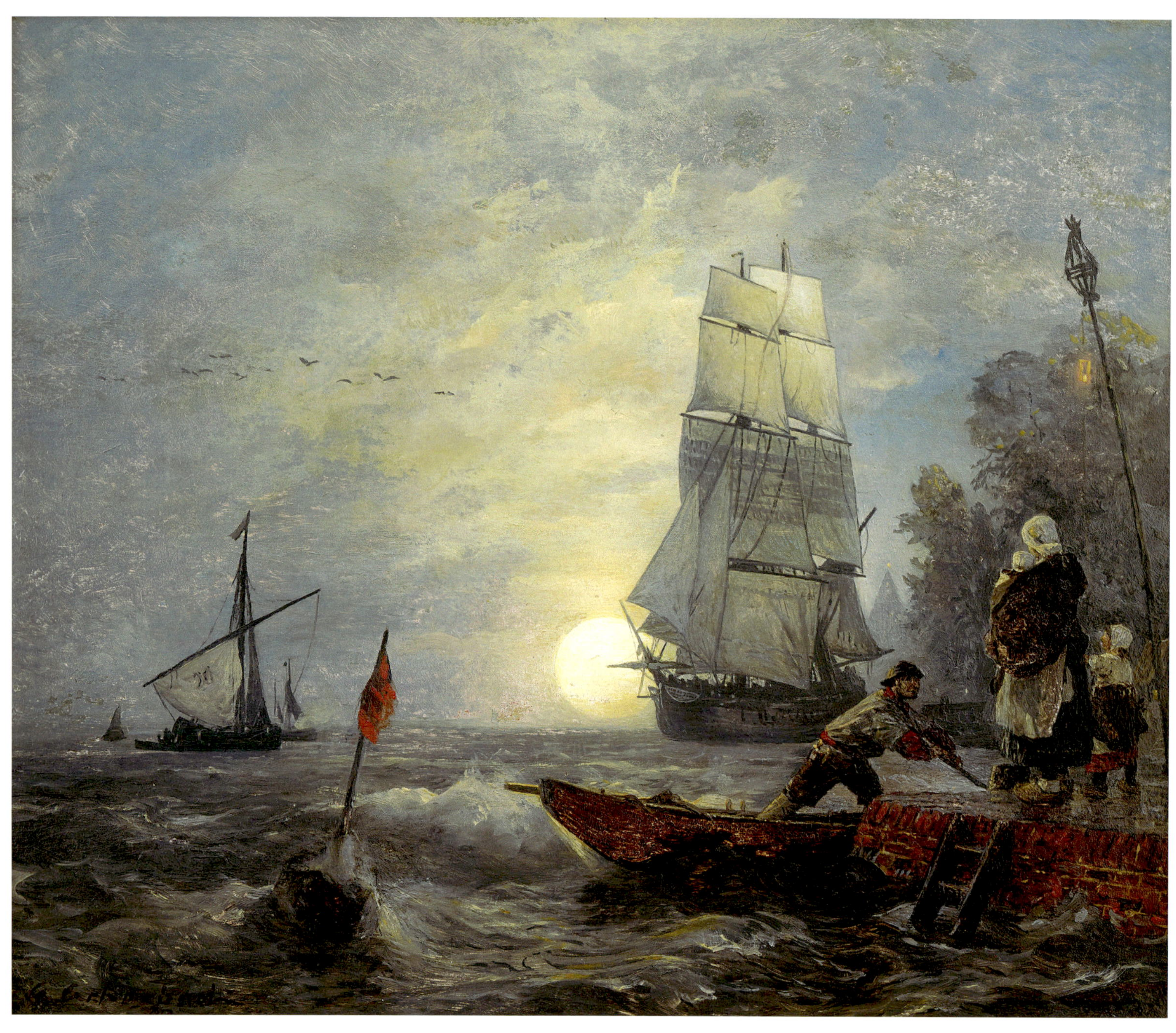

HEIMKEHR, HAFENEINFAHRT BEI MONDSCHEIN

50 cm x 61 cm
l. u. sign. u. dat. (18)97
Öl auf Holz

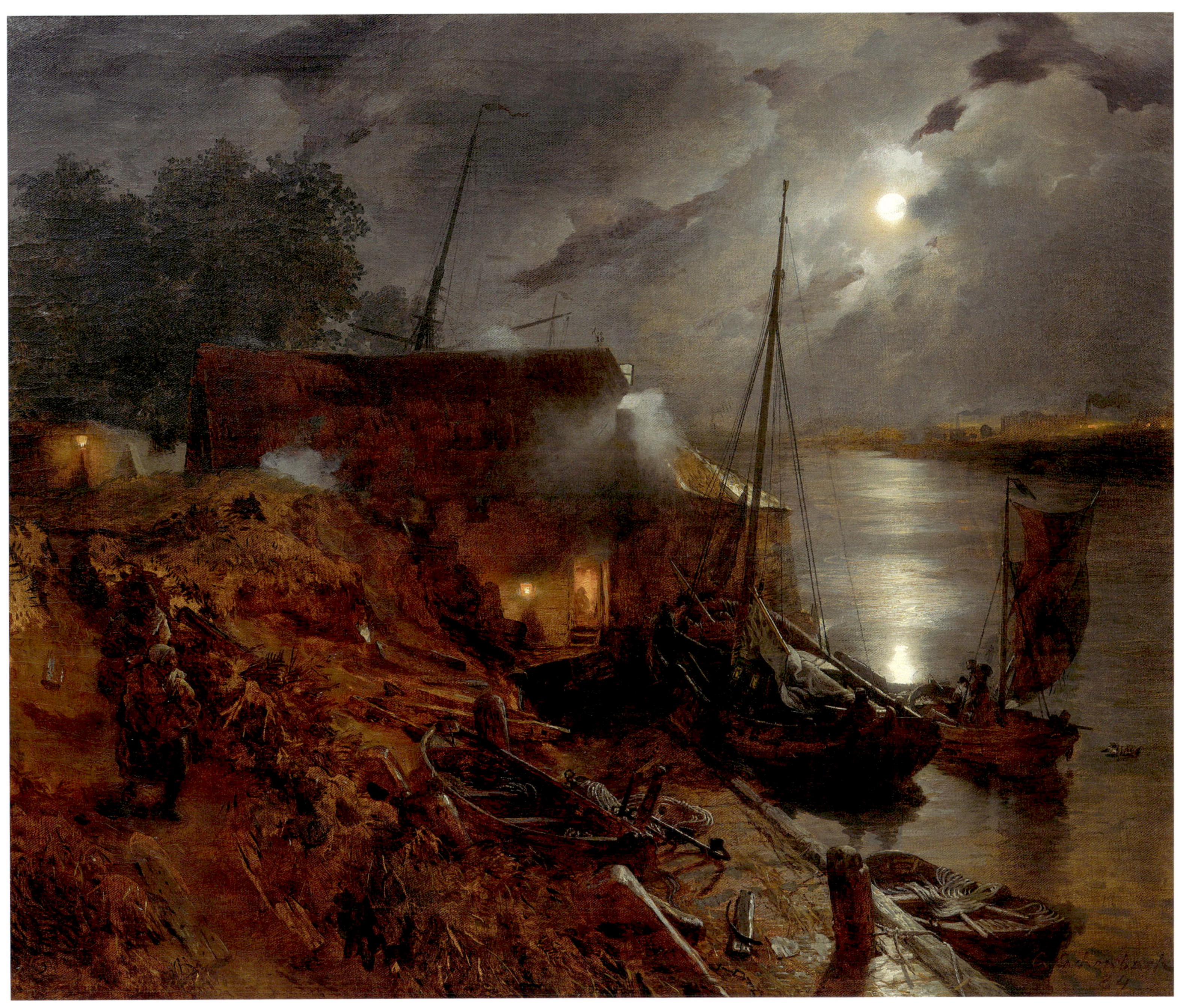

HAFEN BEI **V**OLLMOND

78 cm x 95 cm
r. u. sign. u. dat. (18)84
Öl auf Leinwand

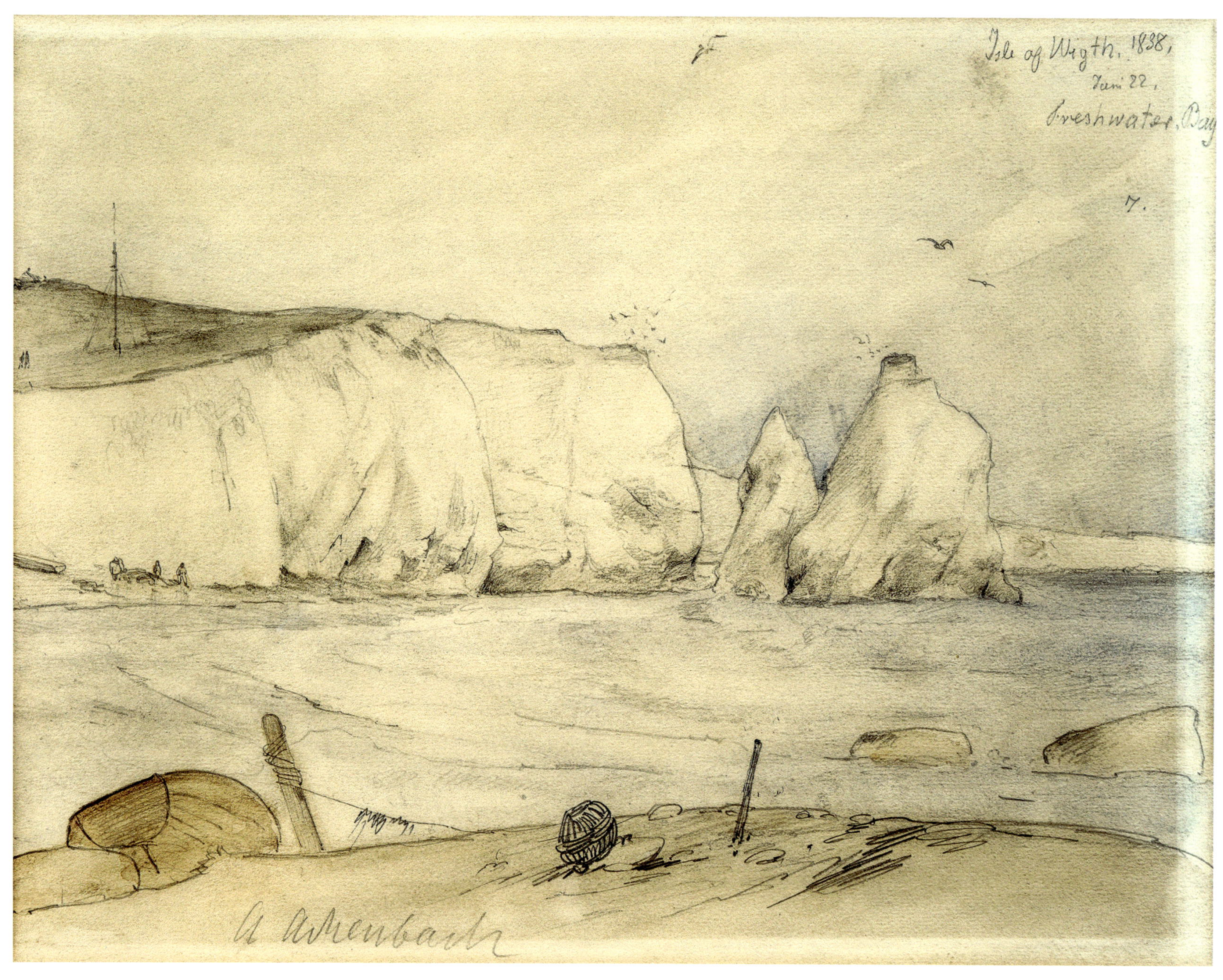

ISLE OF WIGHT

25,3 cm x 33,3 cm
l. u. sign. und r. o. bezeichnet und dat. 22. Juni 1838
Bleistift und Aquarell

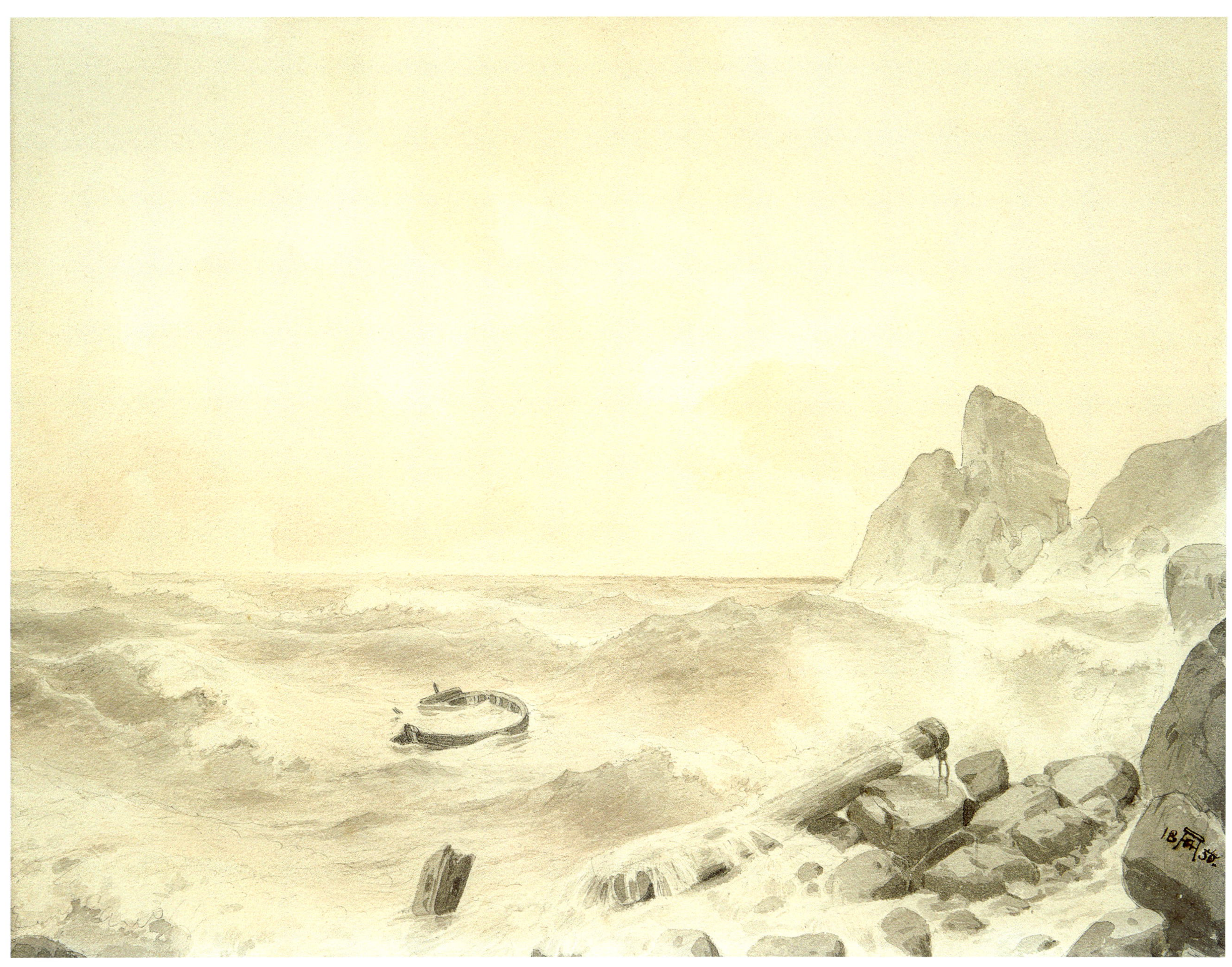

Felsige Küstenlandschaft

25,5 cm x 33,5 cm
r. u. monogrammiert u. dat. 1850
Aquarell auf Papier

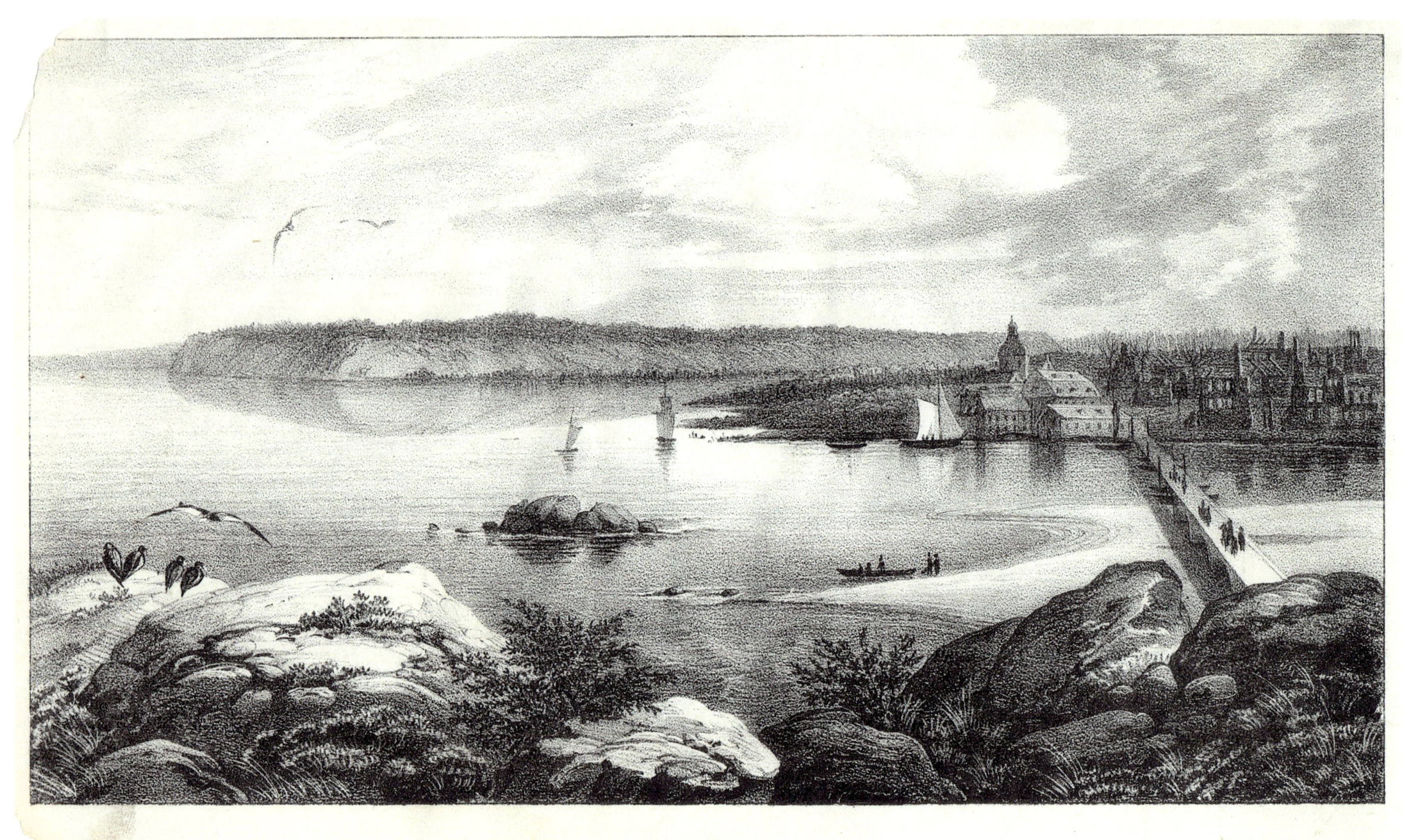

WENNERSBORG

10,1 cm x 18,5 cm
nicht signiert
Lithographie

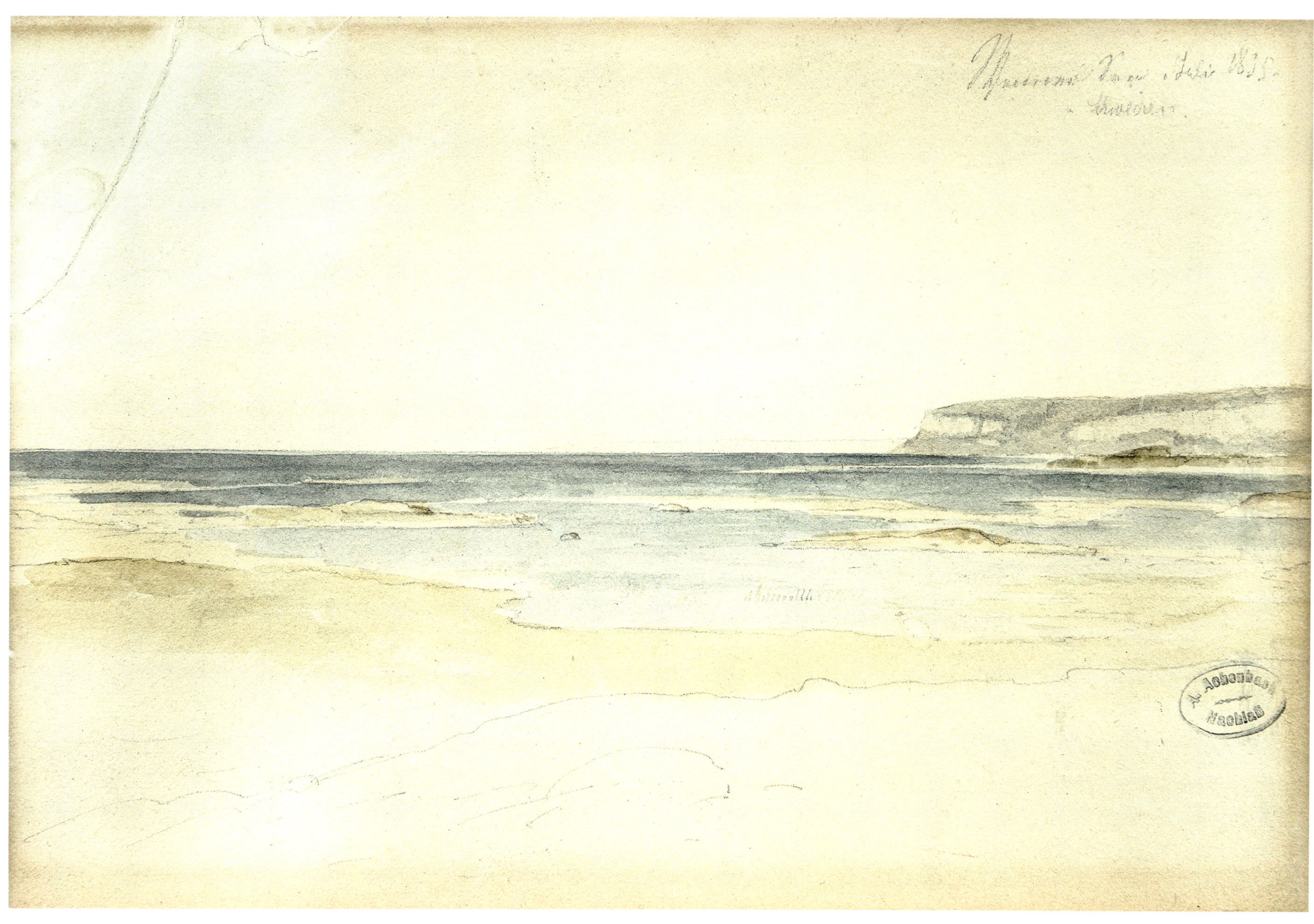

Vänersee, Schweden

17,2 cm x 25,5 cm
r. u. Nachlassstempel und r. o. dat. „Juli 1835 und bezeichnet
Aquarell auf Papier

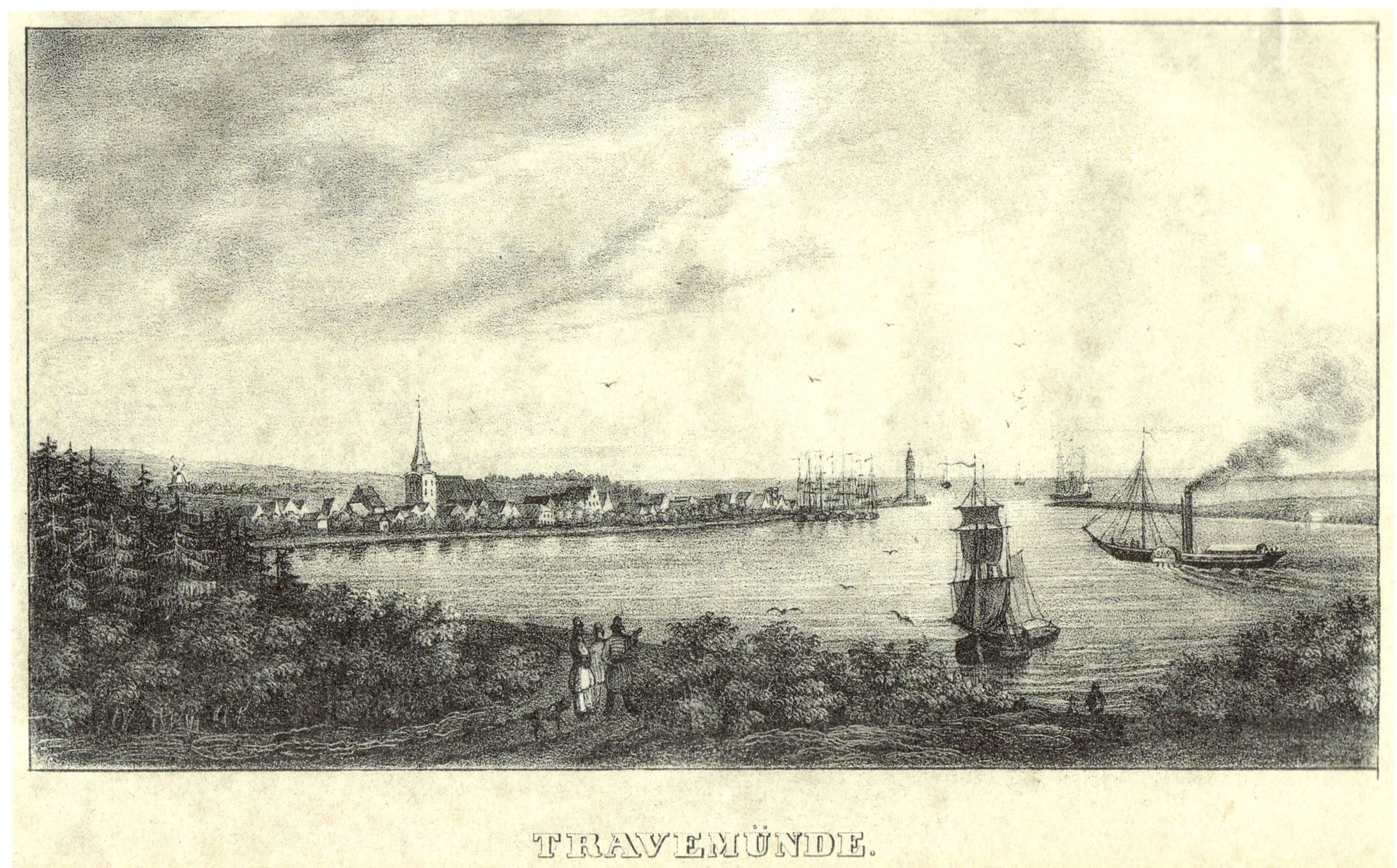

Travemünde

10 cm x 18,6 cm
Lithographie

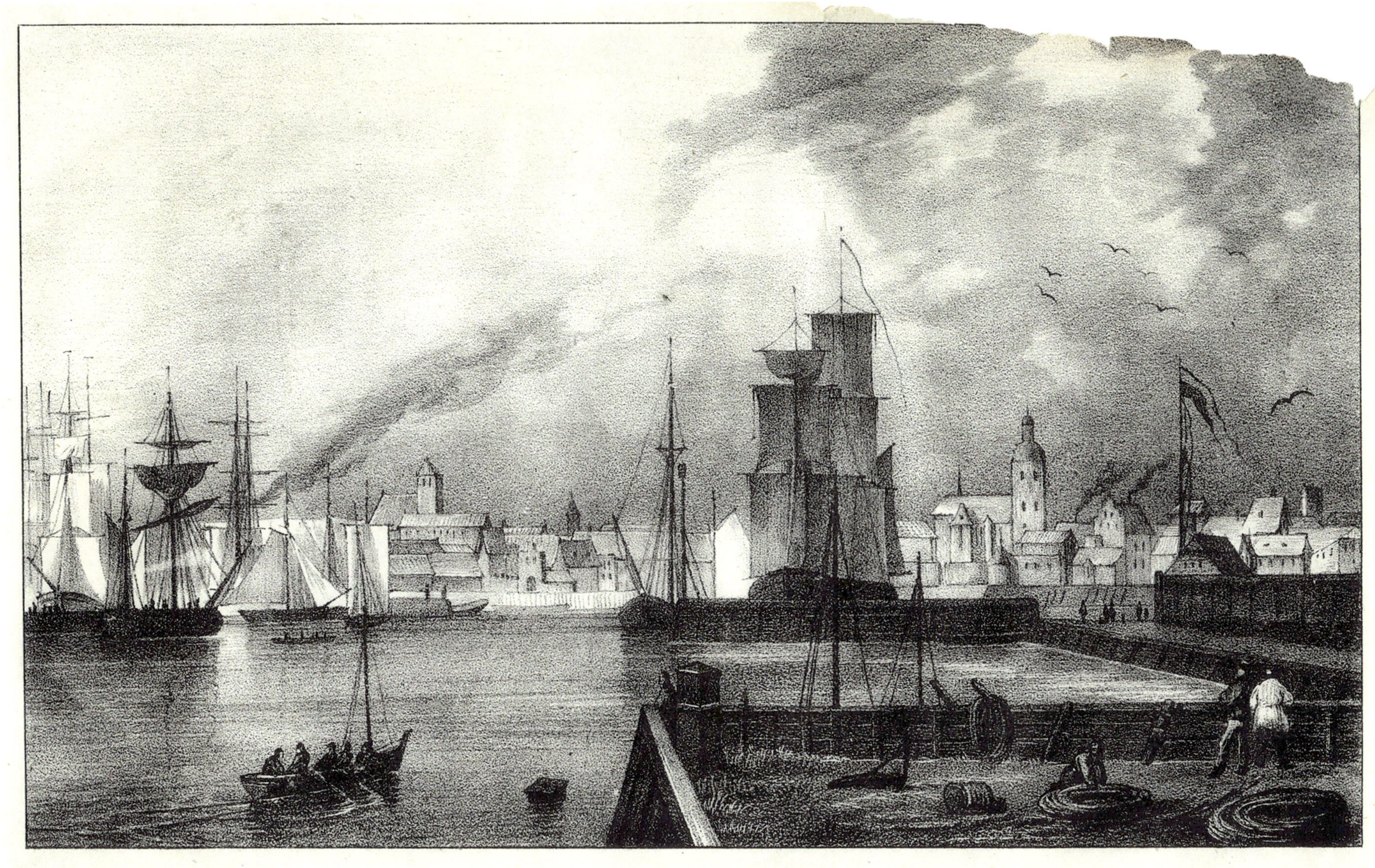

MALMOE

12,3 cm x 16,9 cm
nicht signiert
Lithographie

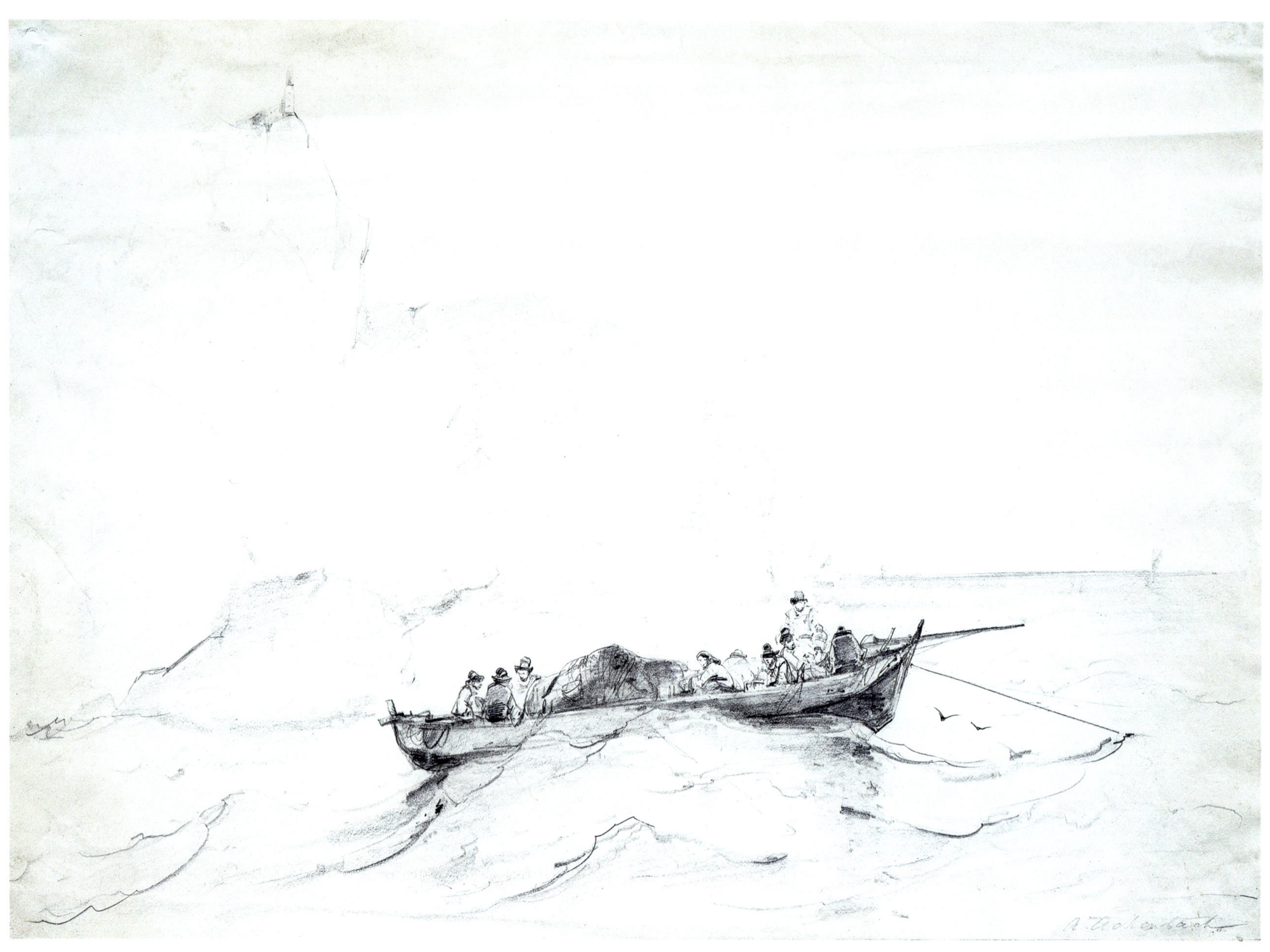

Rettungsboot mit Leuchtturm

36,6 cm x 51,5 cm
r. u. sign., nicht dat.
Bleistiftzeichnung

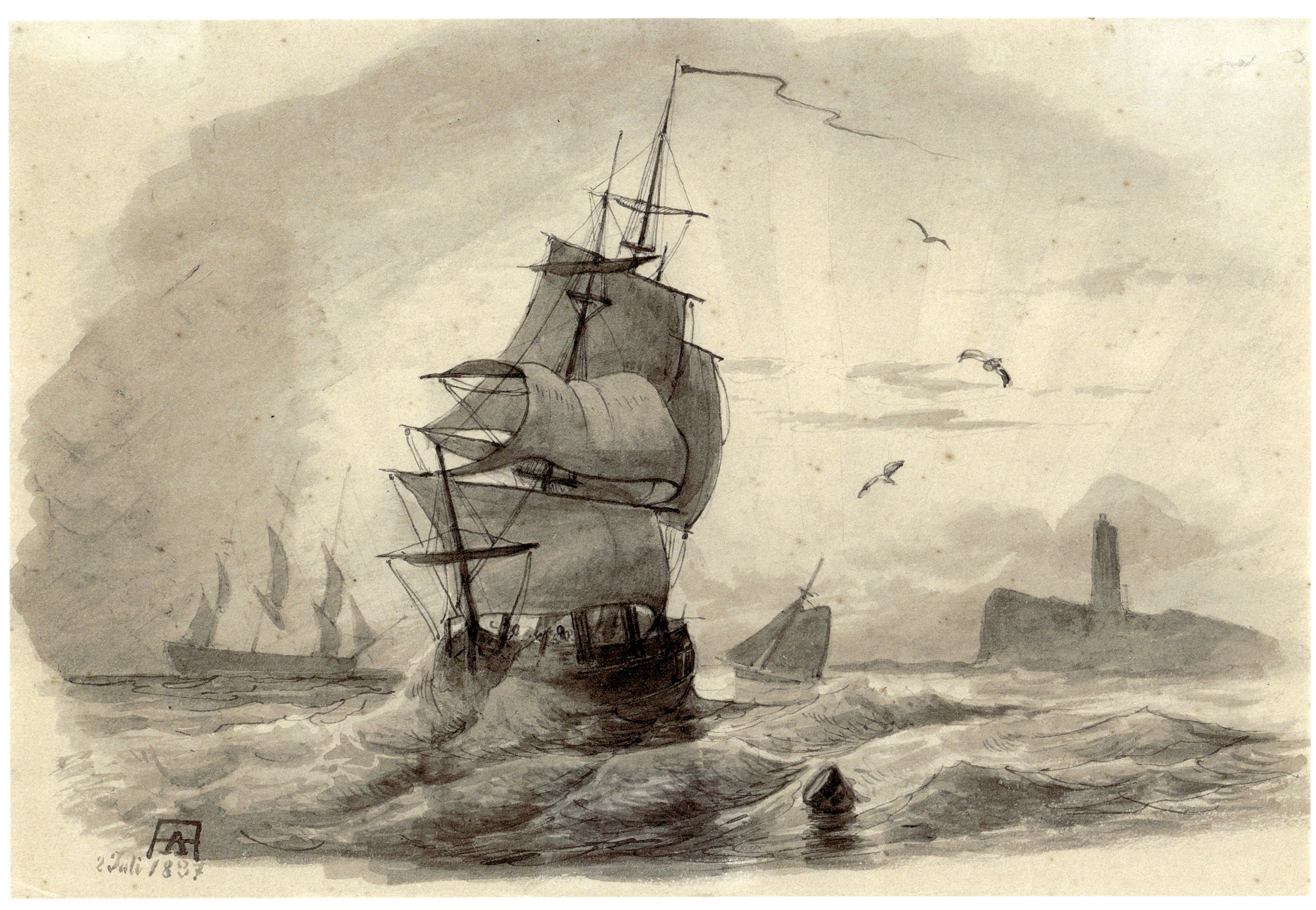

DREIMASTER IM WIND

12,7 cm x 19,4 cm
l. u. monogr. u. dat. 2. Juli 1837
Pinsel in Grau

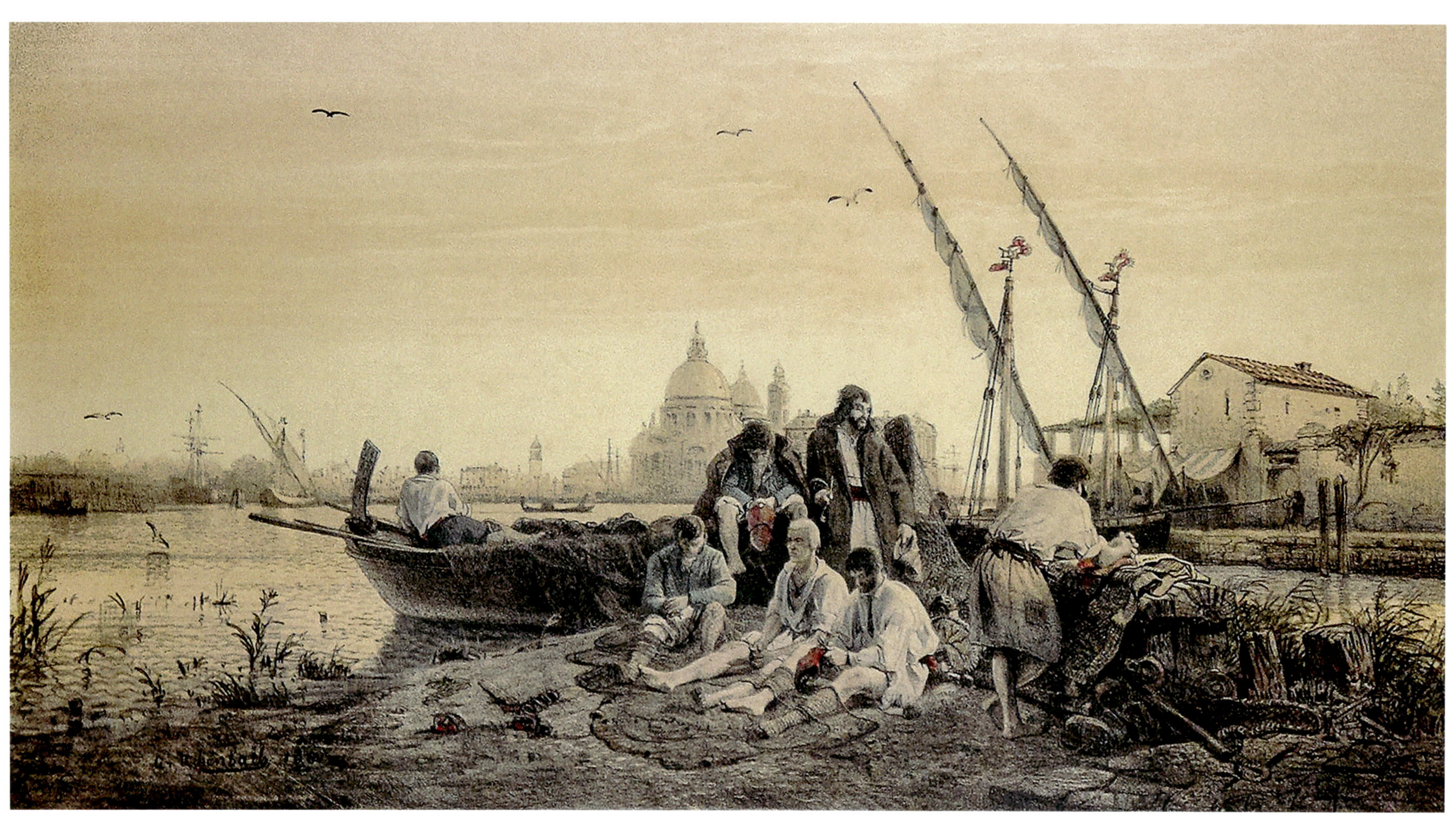

AVE MARIA – VENEDIG

23,1 cm x 43,4 cm
l. u. sign. u. dat. 1851
Lithographie, handkoloriert

54

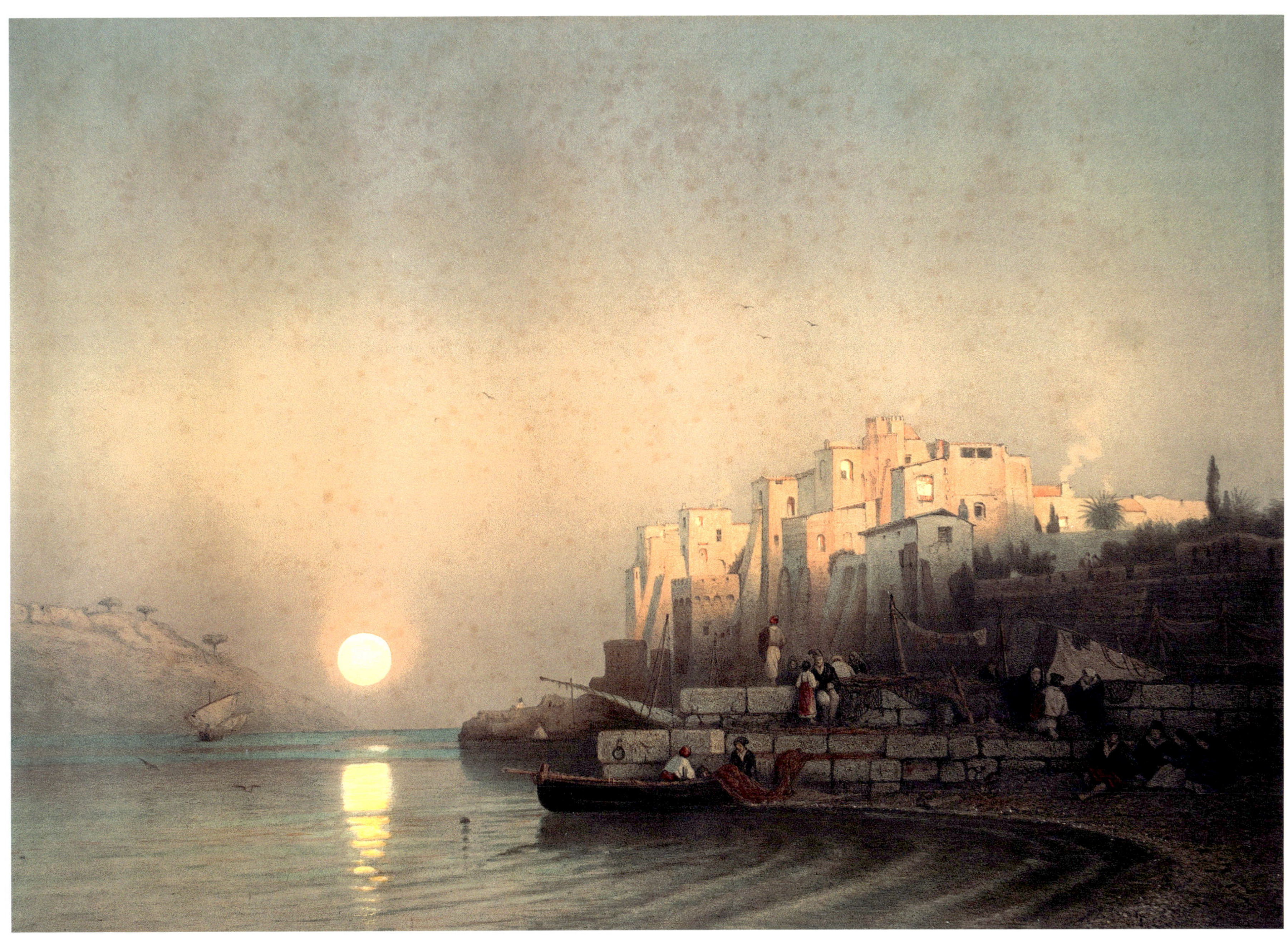

PORTO VENERE BEI SONNENAUFGANG

36 cm x 52 cm,
Farblithographie
nicht bezeichnet, aufgeführt Jul. Meyer,
Allgemeines Künstlerlexikon, Bd. I, 1872, Nr. 42

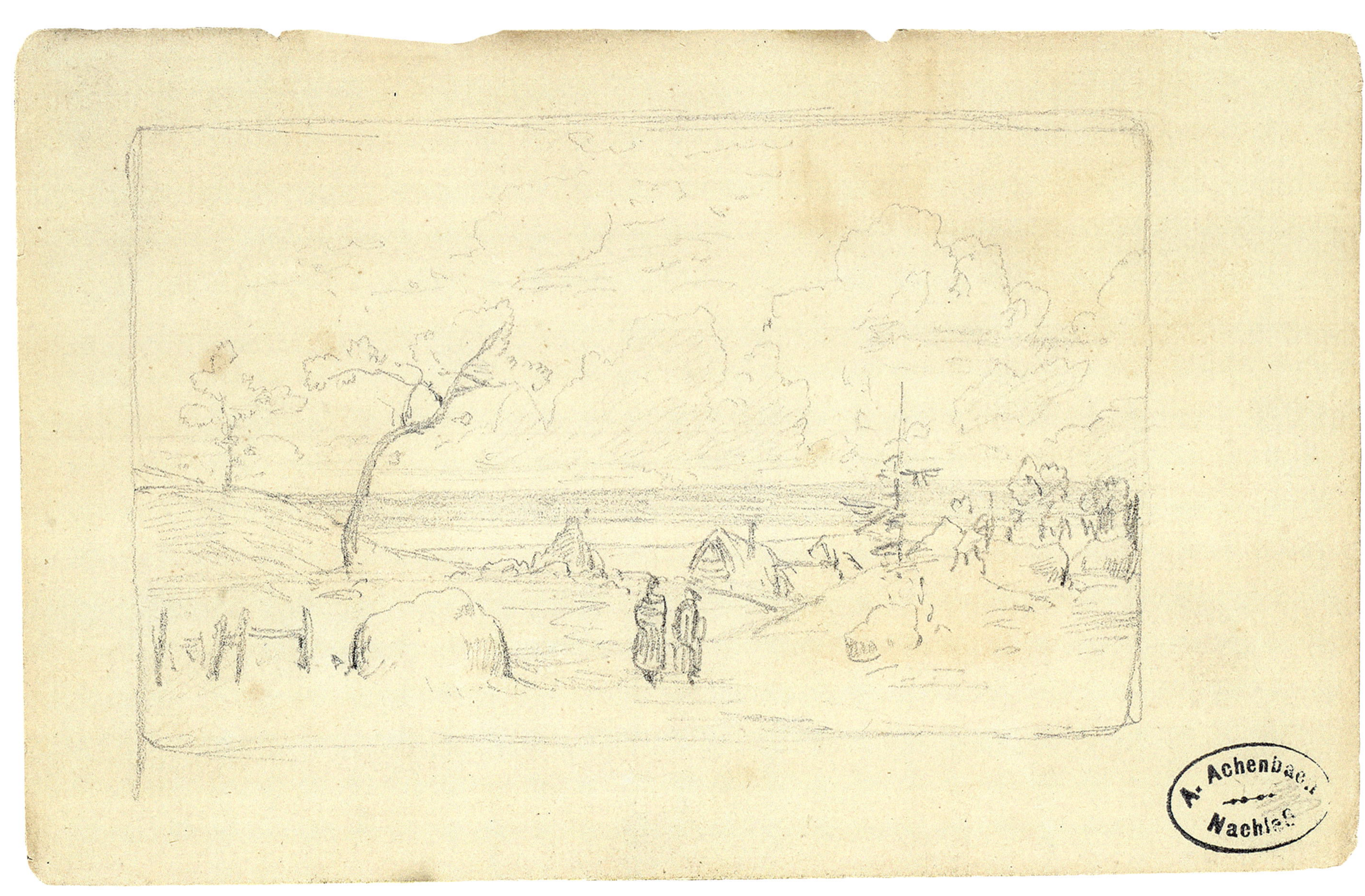

RHEINISCHES SKIZZENBUCH, KÜSTENLANDSCHAFT

10,1 cm x 16,5 cm
r. u. Nachlassstempel
Bleistift
(Skizzenbuch 1834)

56

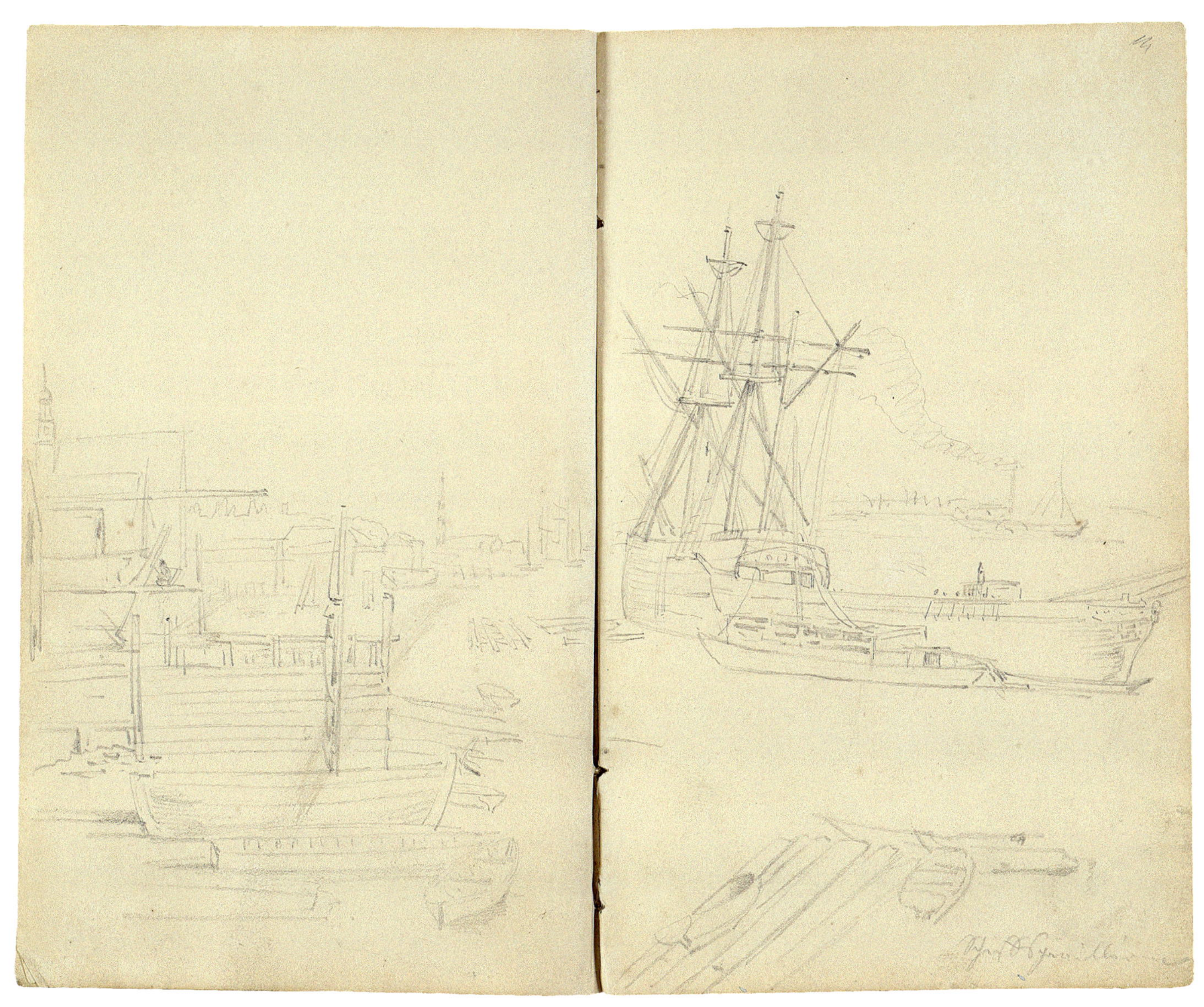

BAYERISCHES SKIZZENBUCH, HAFENSZENE (HAMBURG?)

16,9 cm x 21 cm
Bleistiftzeichnung
doppelseitig

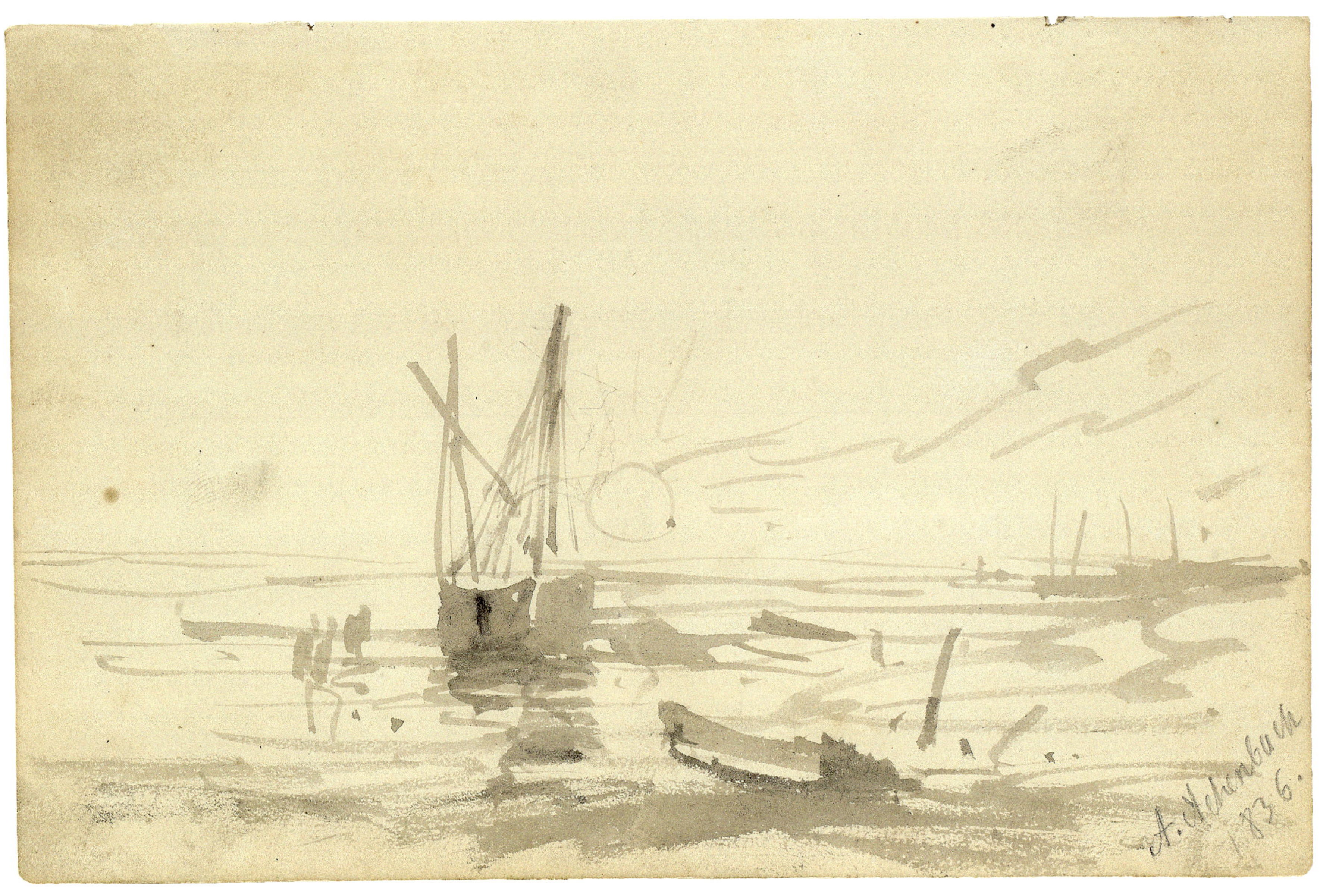

Bayerisches Skizzenbuch, Strandszene

10,5 cm x 16,9 cm
r. u. sign. u. dat. 1836
Pinsel in Grau

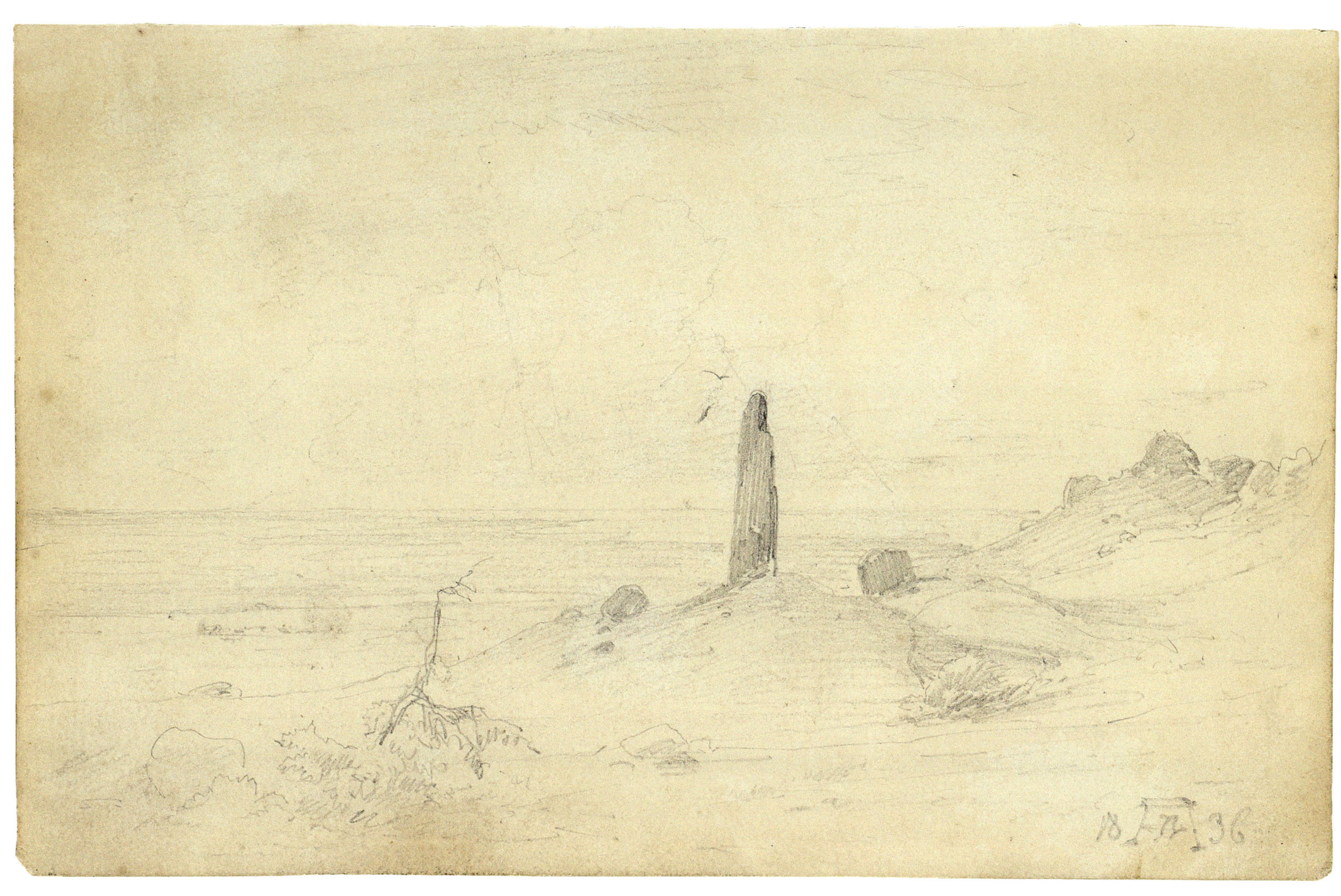

BAYERISCHES SKIZZENBUCH, KÜSTENLANDSCHAFT MIT BAUTASTEIN

10,5 cm x 16,9 cm
r. u. monogr. u. dat. 1836
Bleistiftzeichnung

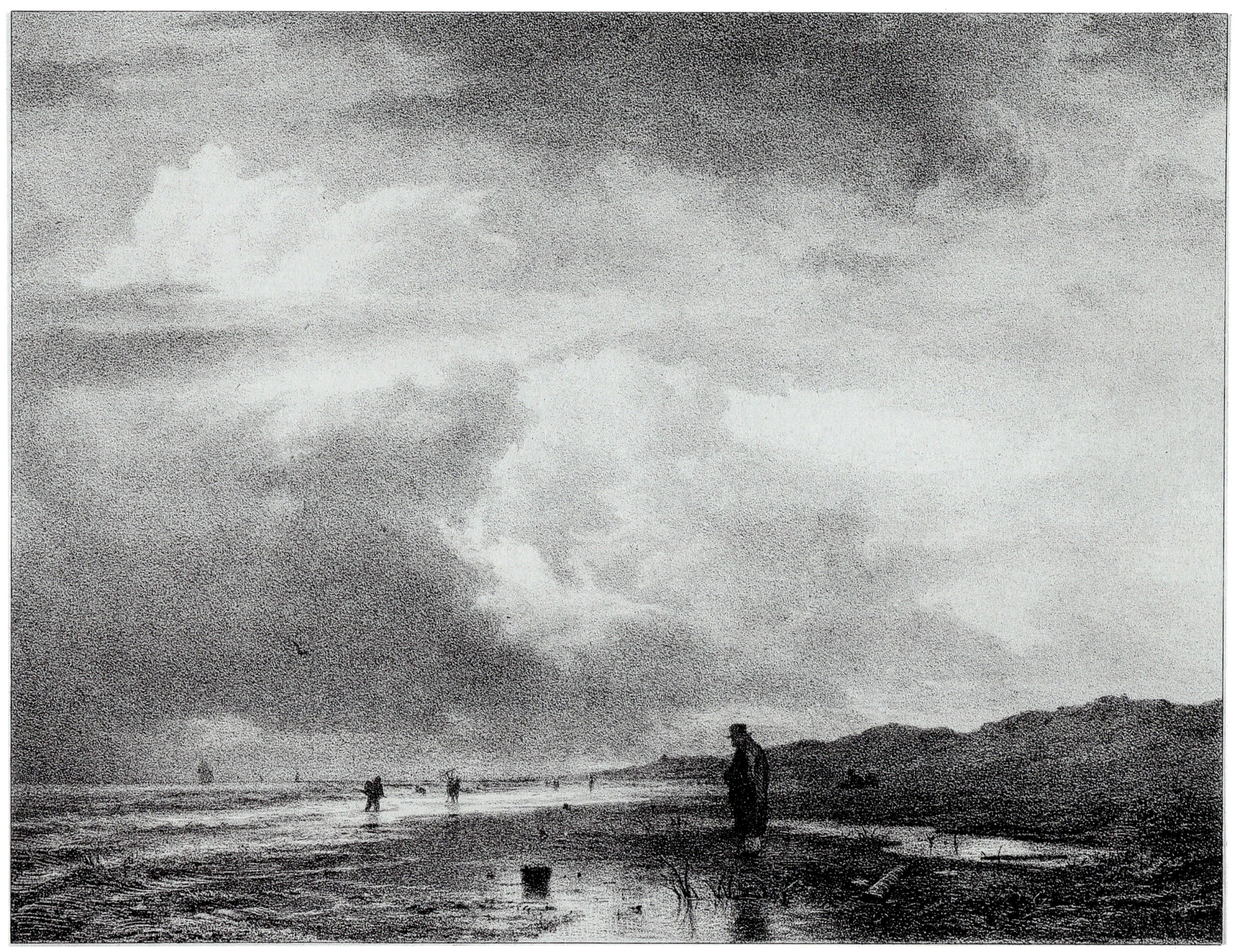

AM STRANDE

15 cm x 19,1 cm
nicht signiert
erschienen im Düsseldorfer Künstleralbum 1860, Bd. X
Lithographie auf Chine Collé

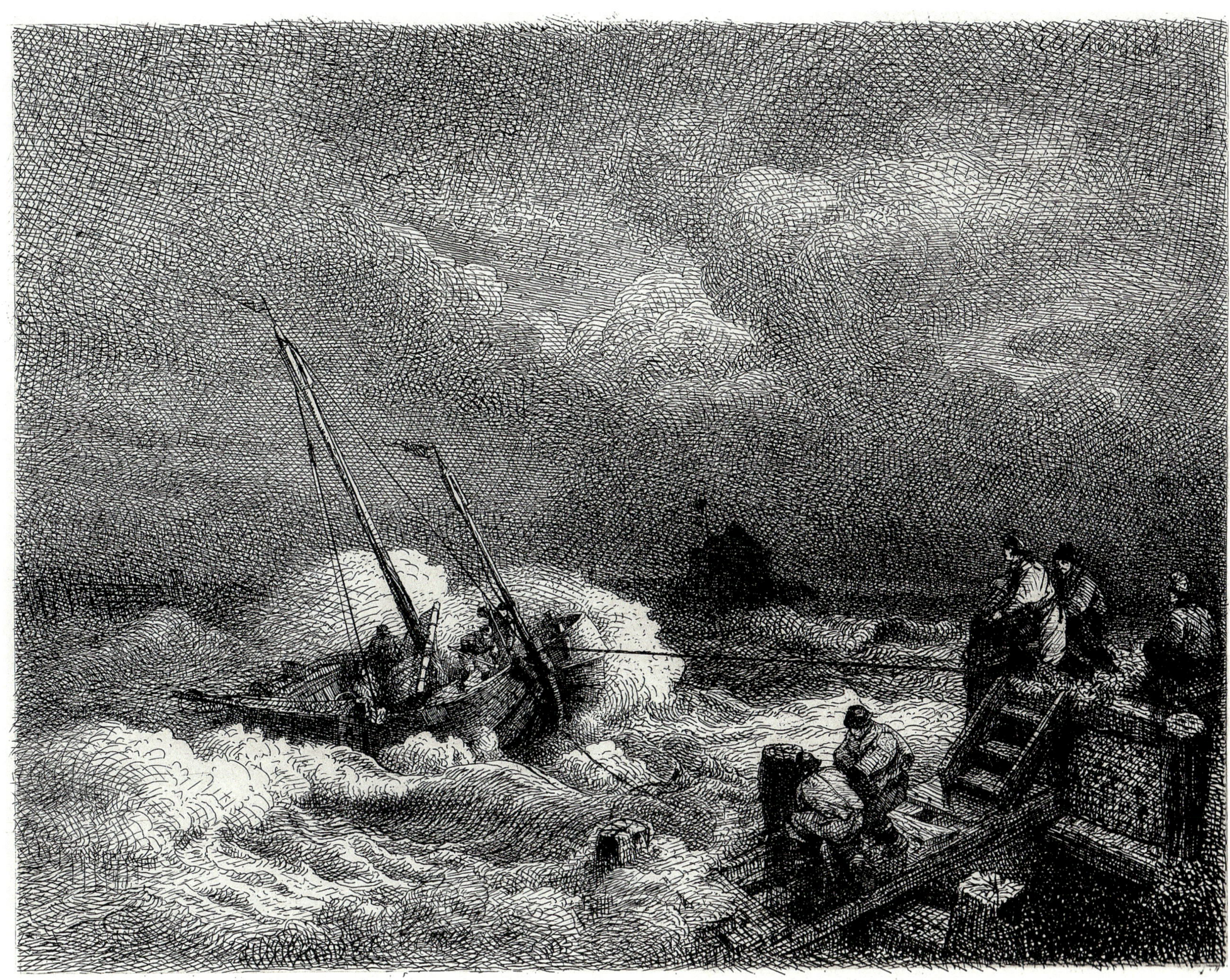

17,5 cm x 22 cm
r. o. sign. u. dat. (18)62
Radierung

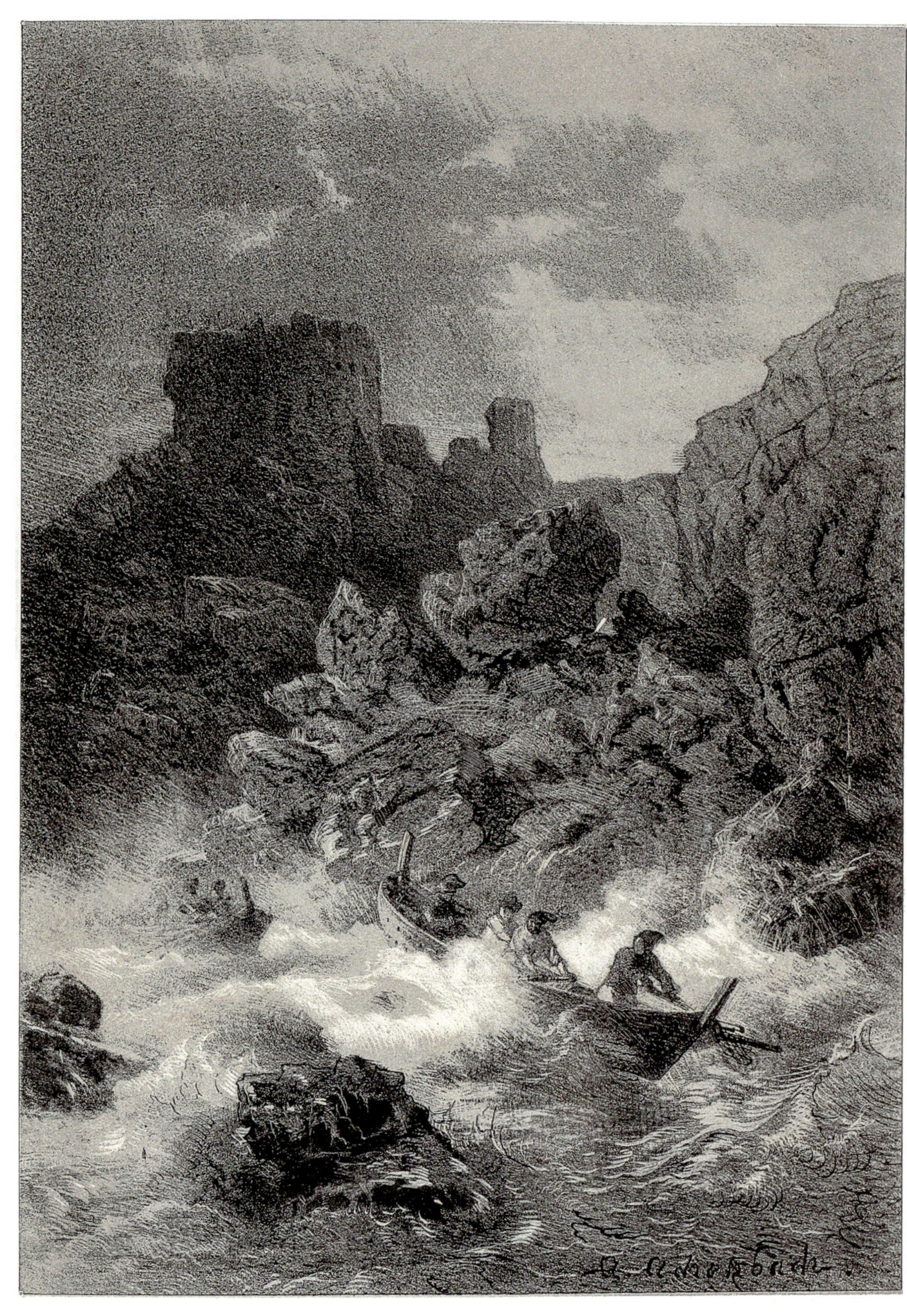

ALTES CASTEL BEI PORTO VENERE

20,5 cm x 14,9 cm
r. u. sign.
Lithographie
erschienen im Düsseldorfer Künstleralbum 1855, Bd. 5

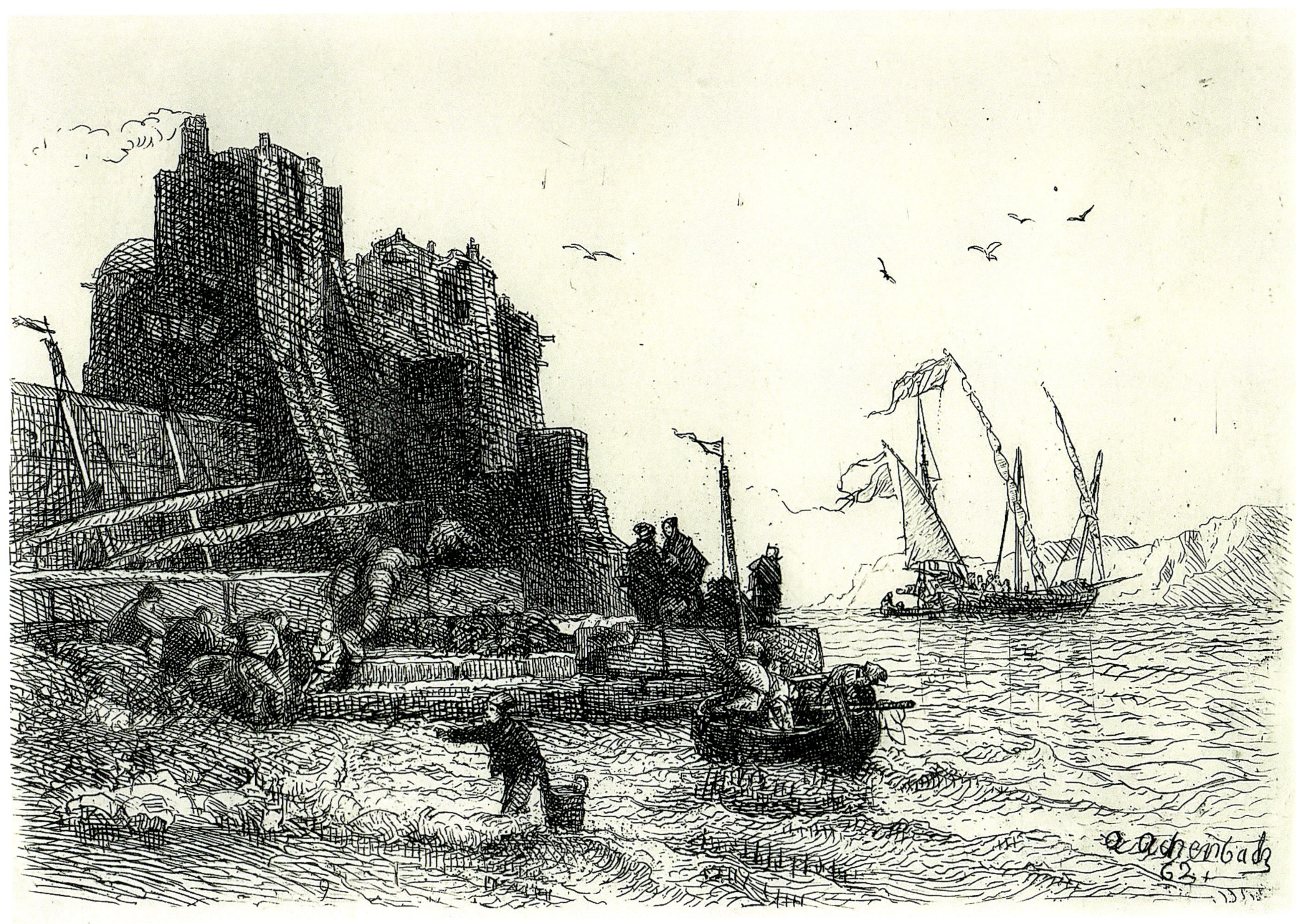

DAS SCHLOSS AM MEER – PORTO VENERE

8,3 cm x 12,5 cm
r. u. sign. u. dat. (18)62
Radierung

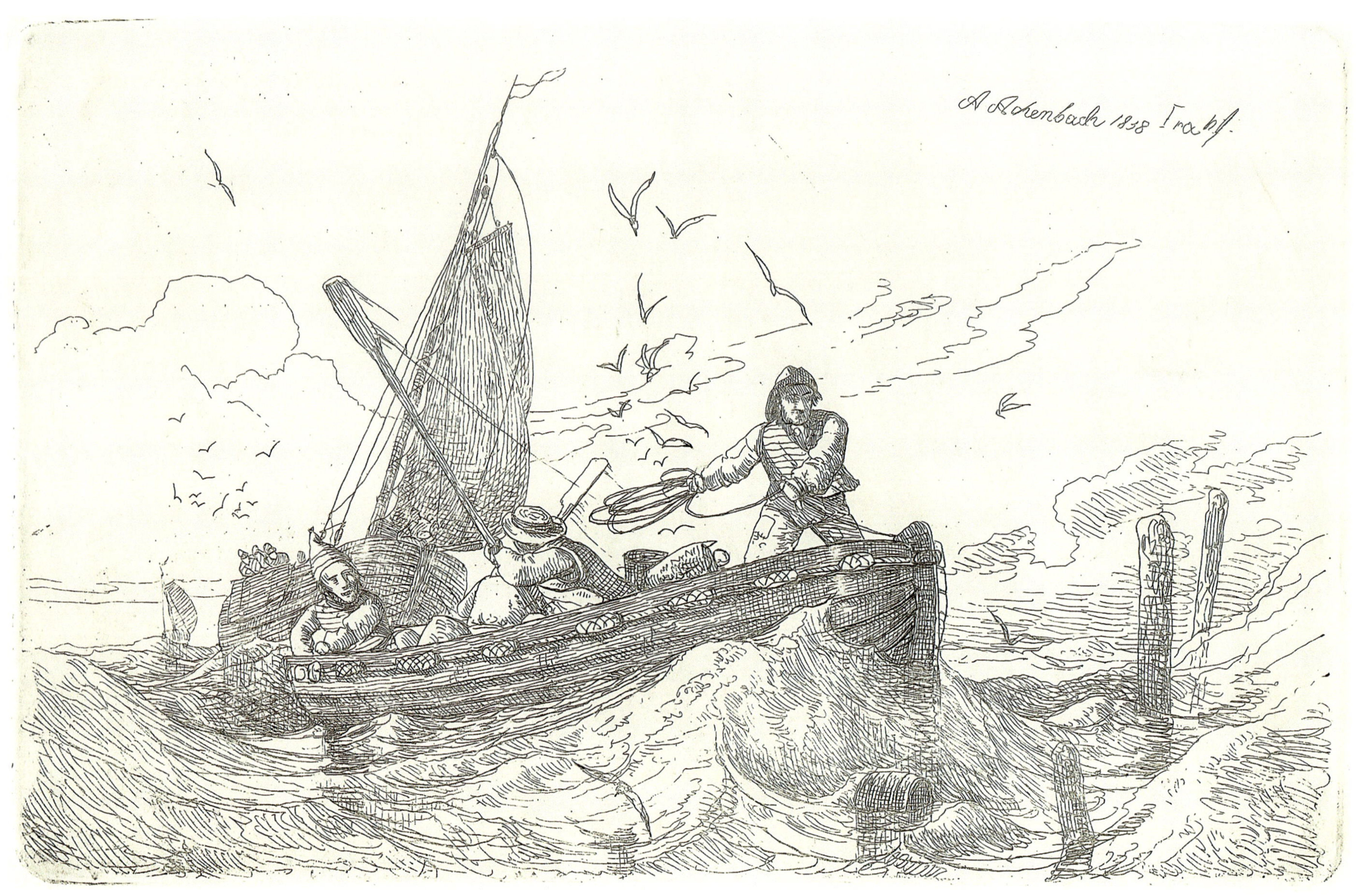

ANLANDENDES FISCHERBOOT

10,3 cm x 16,4 cm
r. o. sign. u. dat. 1838
Radierung

64

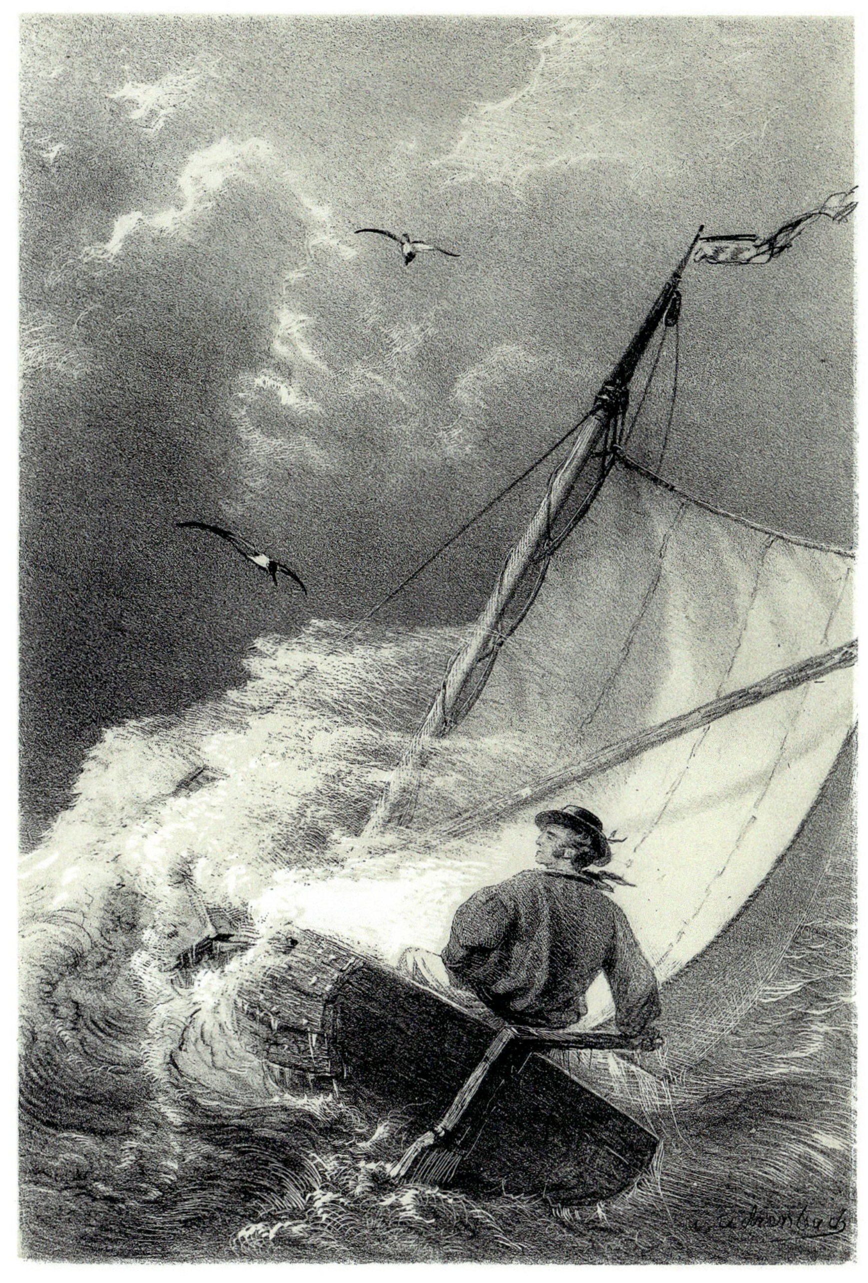

DER KLEINE SCHIFFSMANN

21,3 cm x 15,5 cm
r. u. sign.
Lithographie
erschienen im Düsseldorfer Künstleralbum 1852, Bd. II.
Diese Lithographie entstand nach einem Gedicht von Hoffmann von Fallersleben.

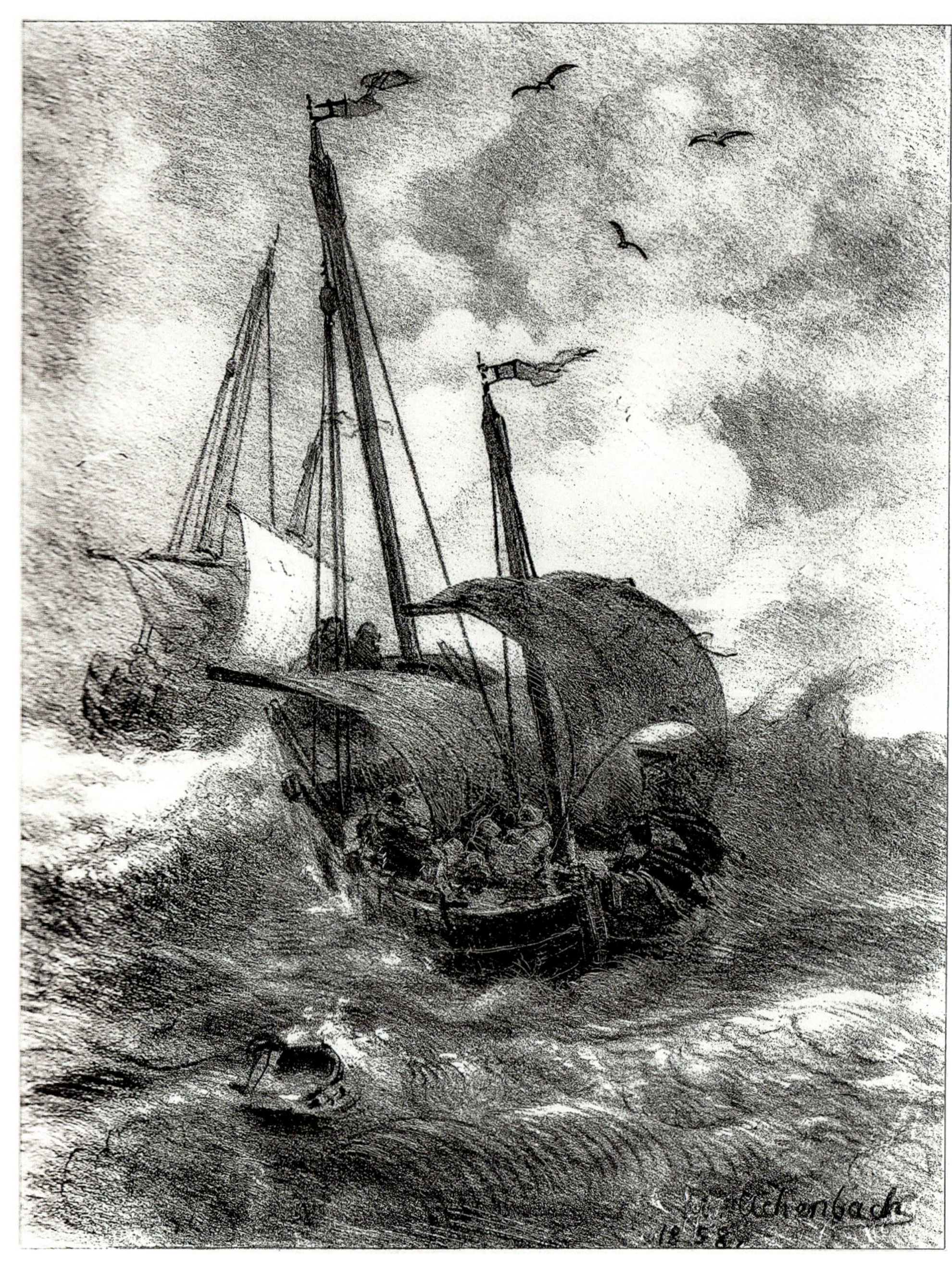

BLANKENBERGER FISCHER

19,1 cm x 15 cm
r. u. sign. u. dat. 1858
Lithographie auf Chine Collé
erschienen im Düsseldorfer Künstleralbum 1859, Bd. 9

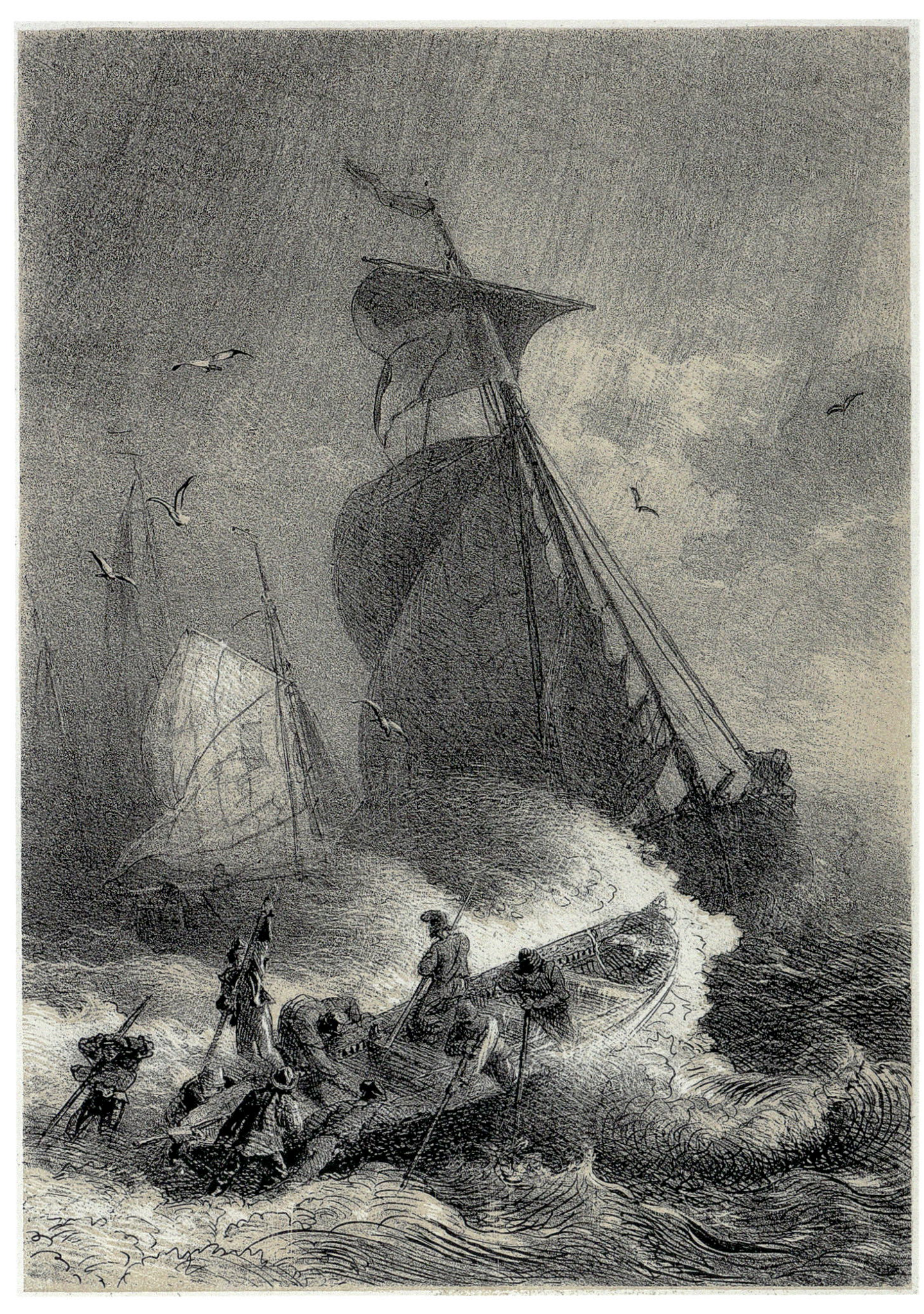

Scheveninger Fischer

20,5 cm x 15,1 cm
nicht signiert, nicht datiert
Lithographie
erschienen im Düsseldorfer Künstleralbum 1857, Bd. 7

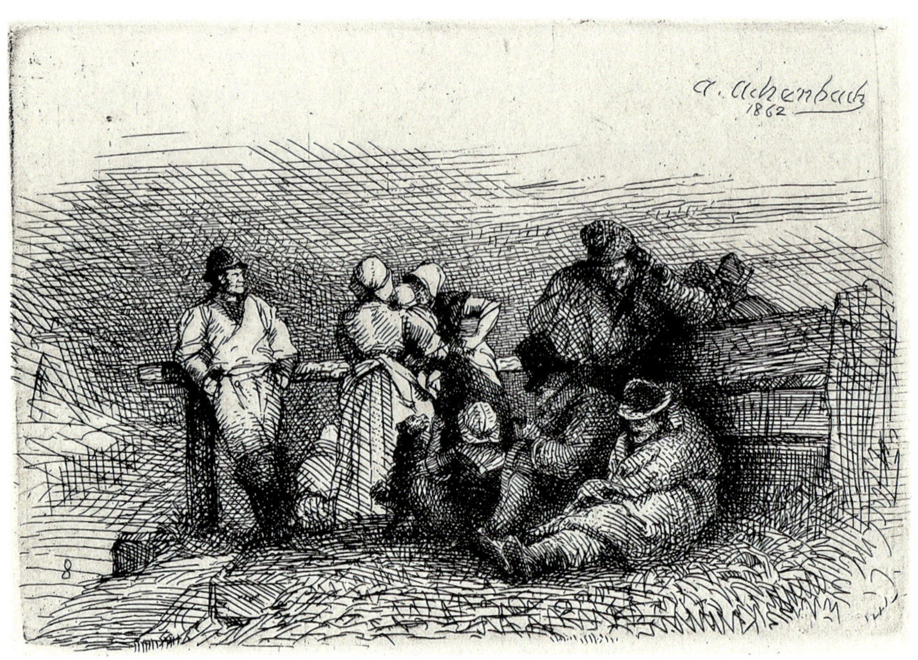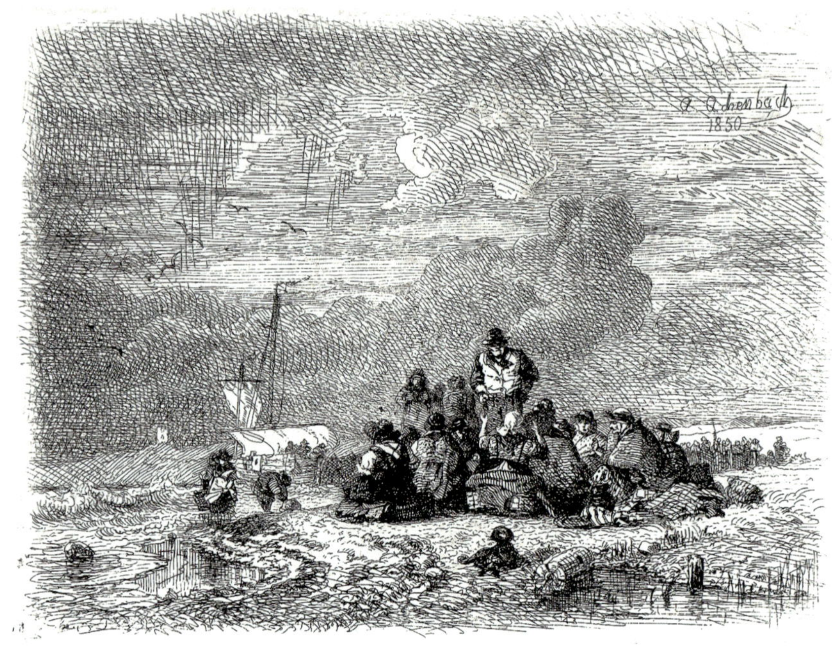

AUSRUHENDES FISCHERVOLK

8,6 cm x 12,6 cm
r. o. sign. u. dat. 1862
Radierung

FISCHAUKTION AM STRANDE

12,2 cm x 16,5 cm
r. o. sign. u. dat. 1850
Radierung

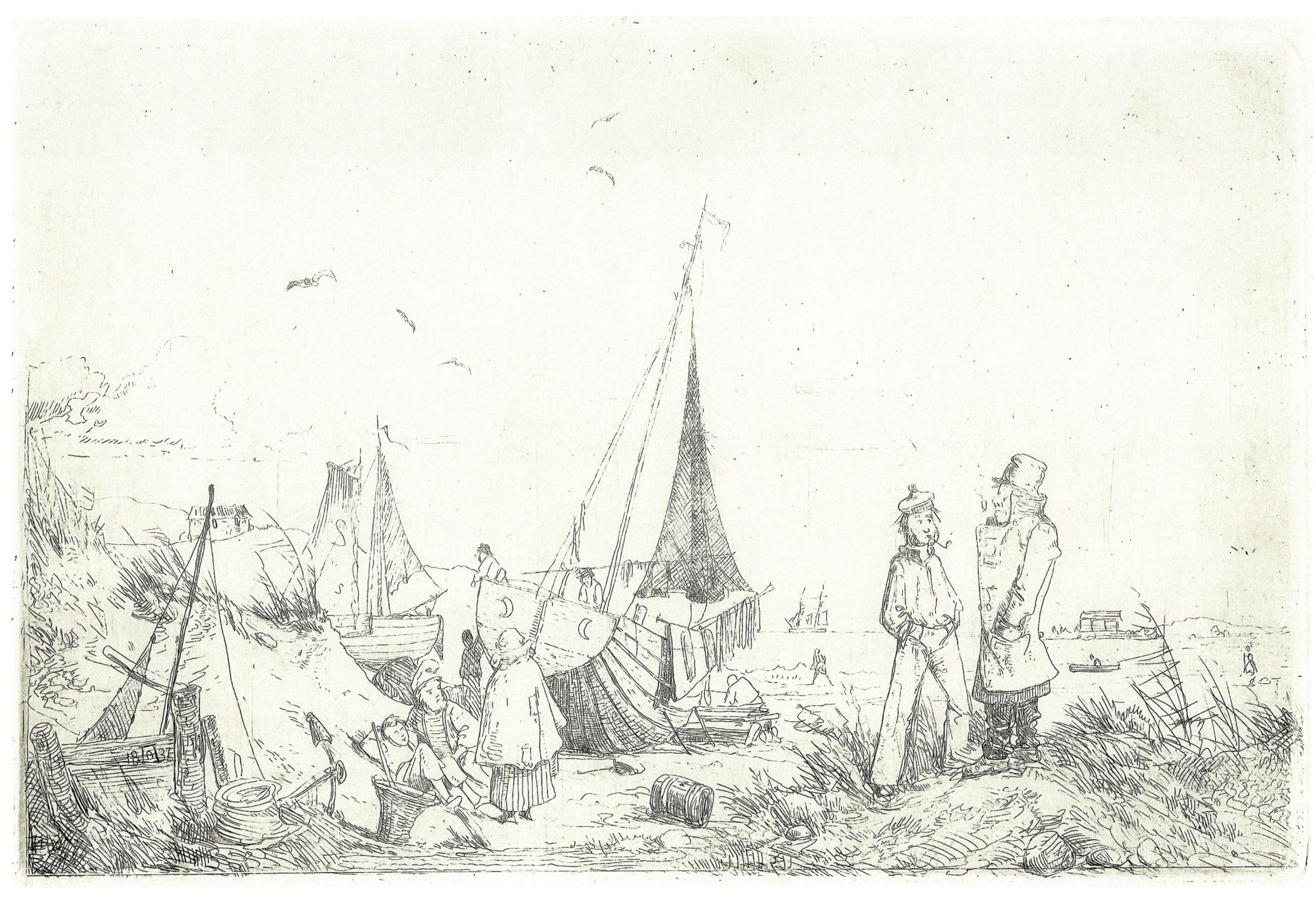

SEESTRAND MIT **M**ATROSEN UND **S**CHIFFEN

12,4 cm x 19,4 cm
l. u. monogrammiert u. dat. 1837
Radierung

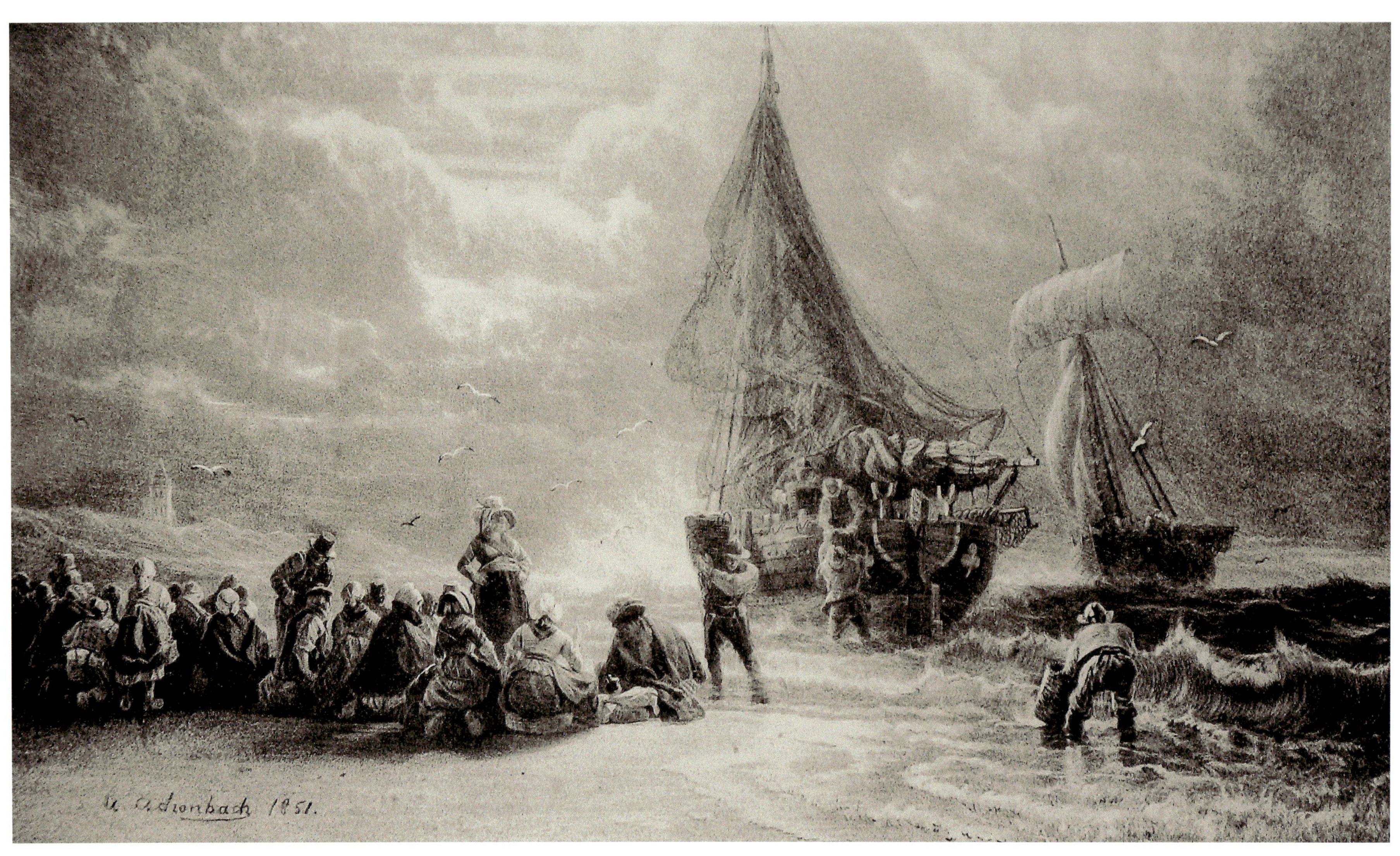

Strand von Scheveningen

21,7 cm x 37,3 cm
l. u. sign. u. dat. 1851
Lithographie

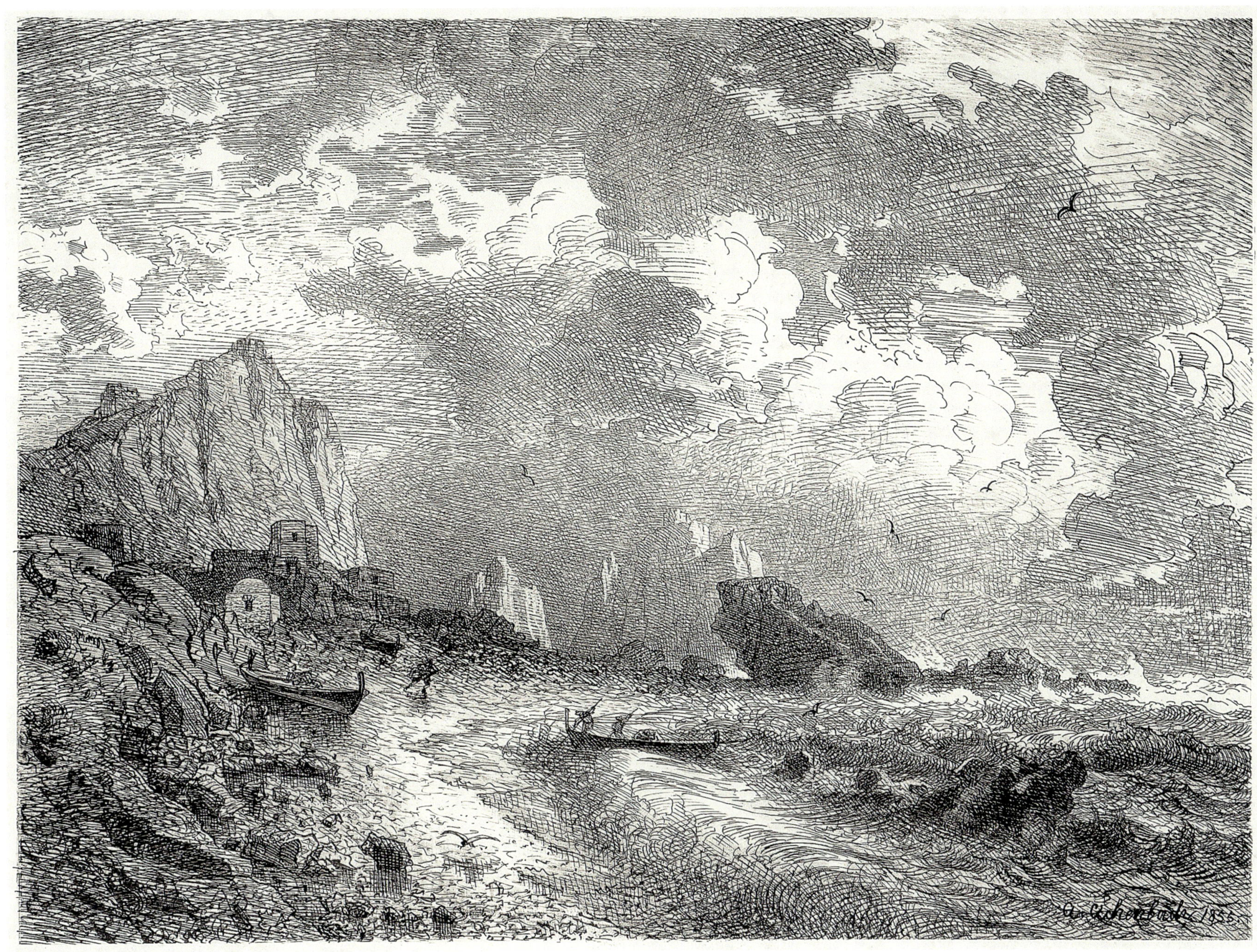

KÜSTE VON CAPRI

28,9 cm x 40 cm
r. u. sign. u. dat. 1855
Lithographie

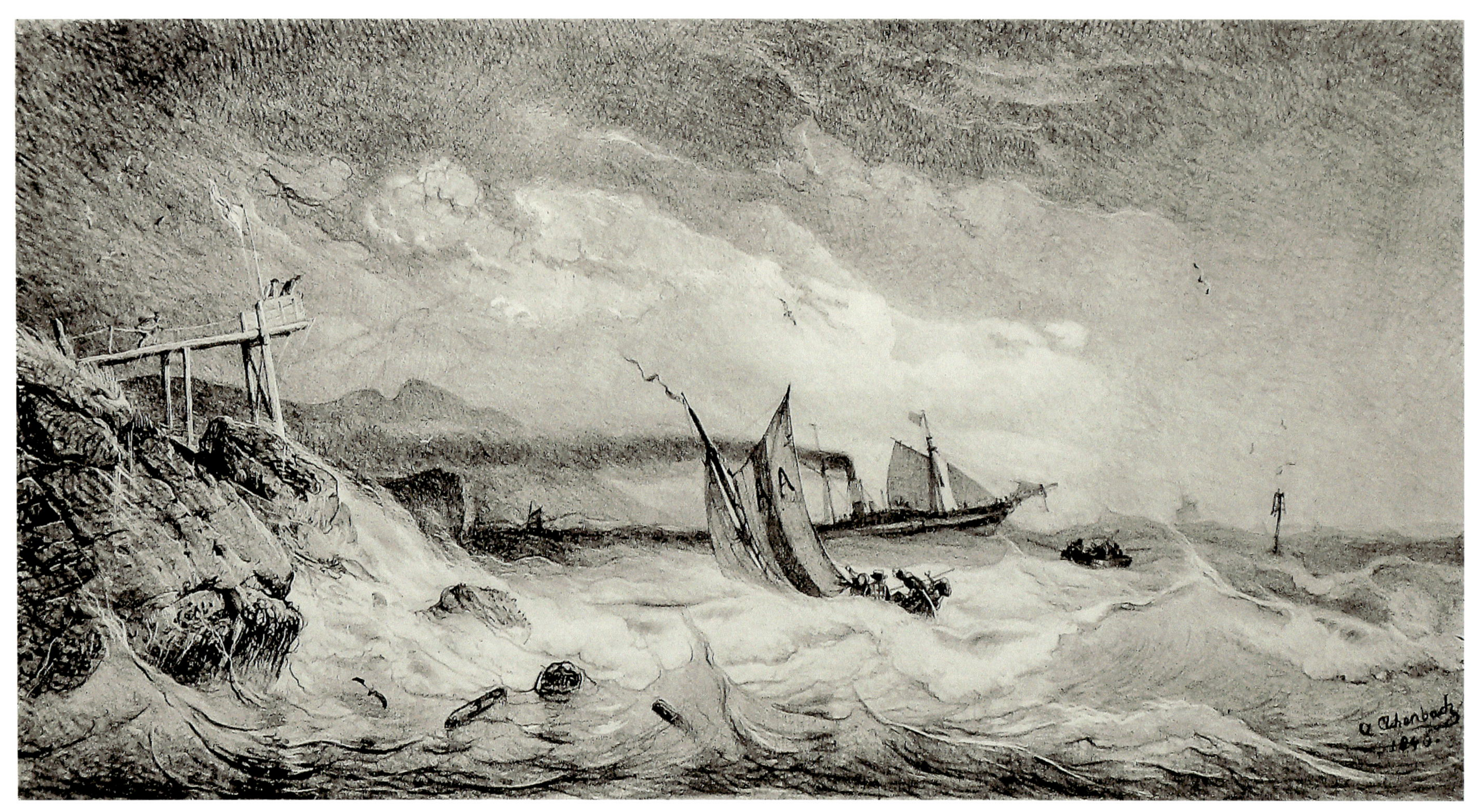

FANTASIE. BEWEGTE SEE MIT DAMPFBOOT UND ANDEREN SCHIFFEN

20,2 cm x 38,1 cm
r. u. sign. u. dat. 1840
Lithographie auf Chine Collé

72

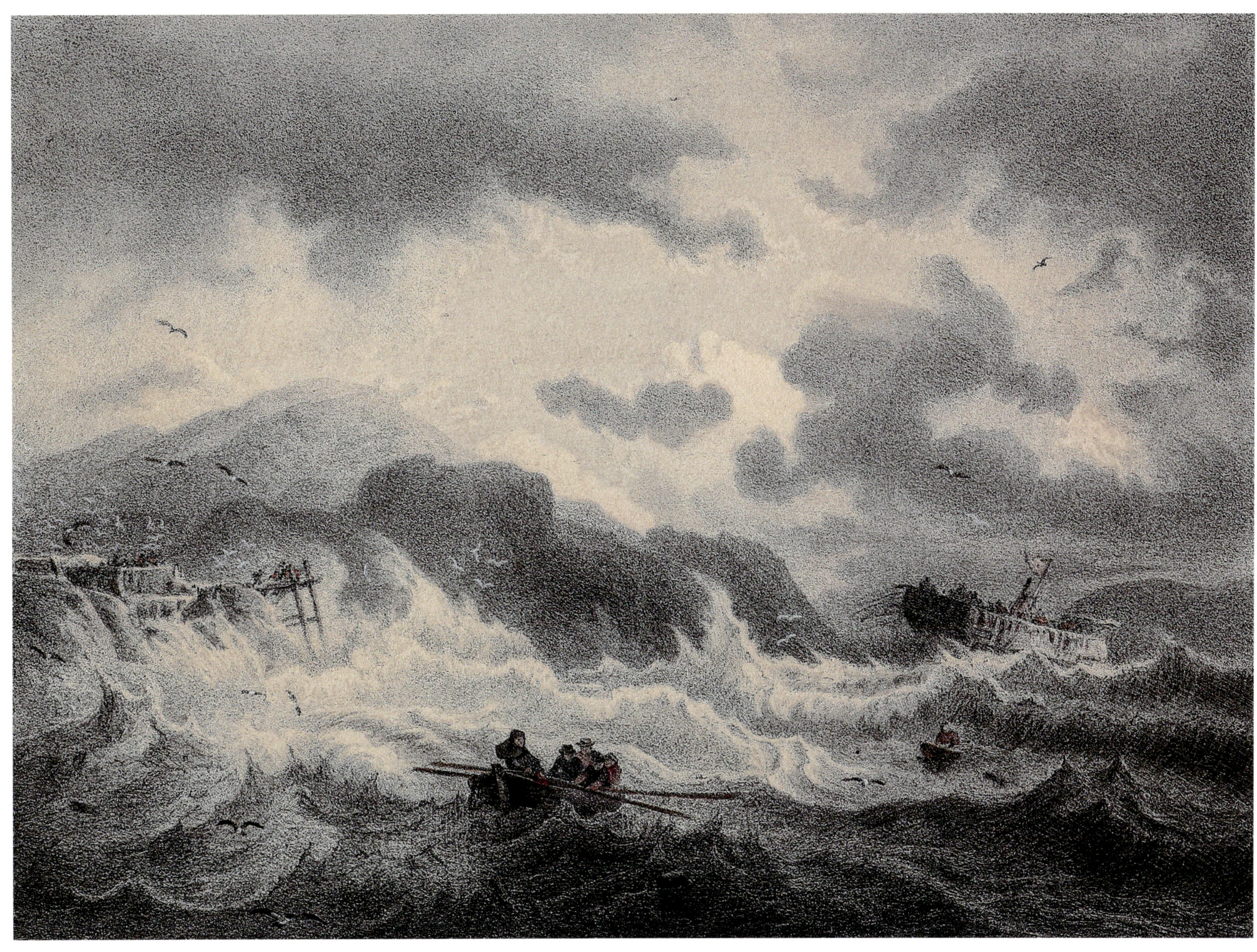

Seesturm

14,2 cm x 19,7 cm
nicht sign., nicht dat.
Farblithographie
erschienen im Album „Aquarelle Düsseldorfer Künstler", 1853

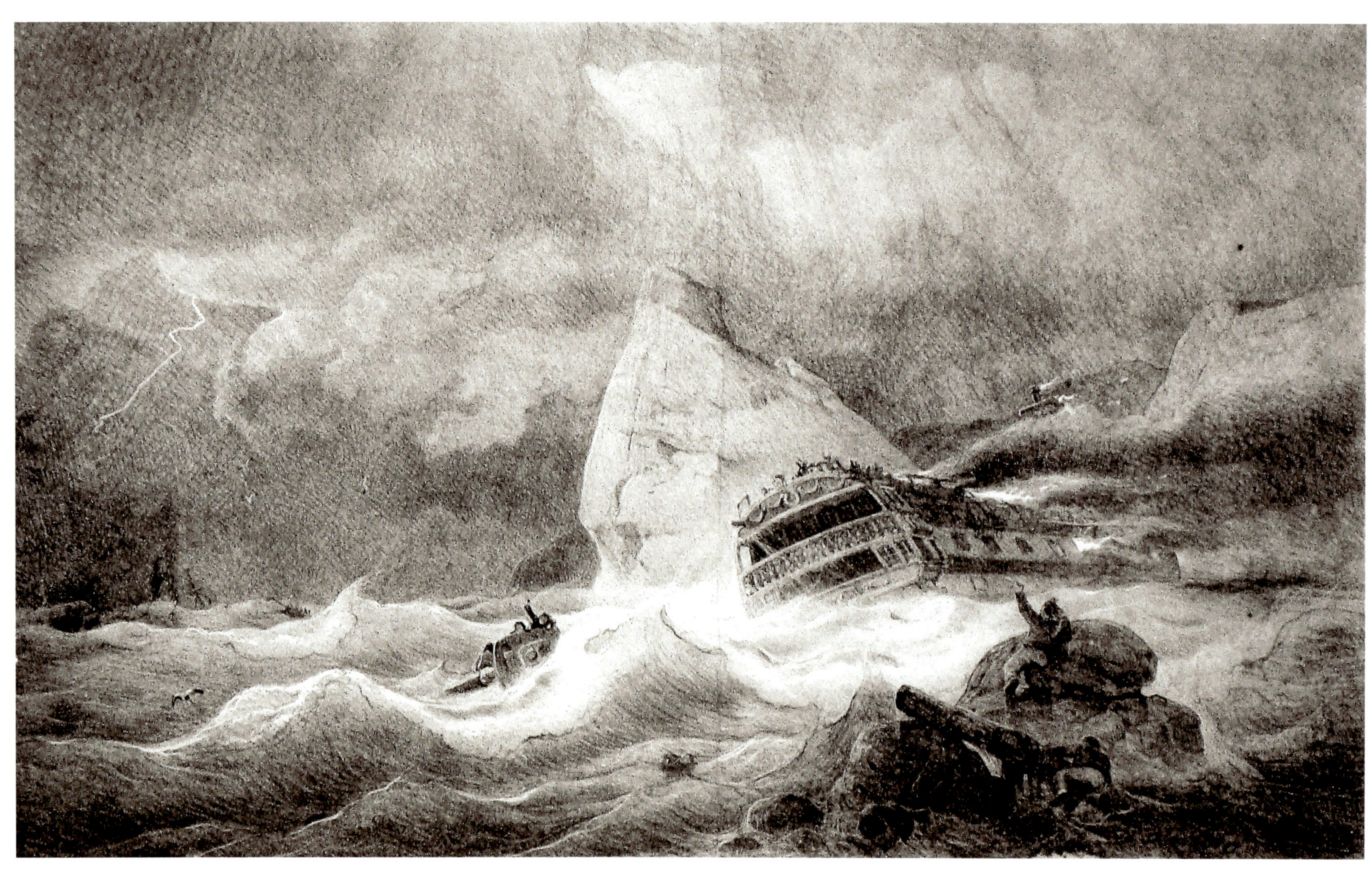

22,1 cm x 36,1 cm
r. u. sign. u. dat. 1840
Lithographie auf Chine Collé

74

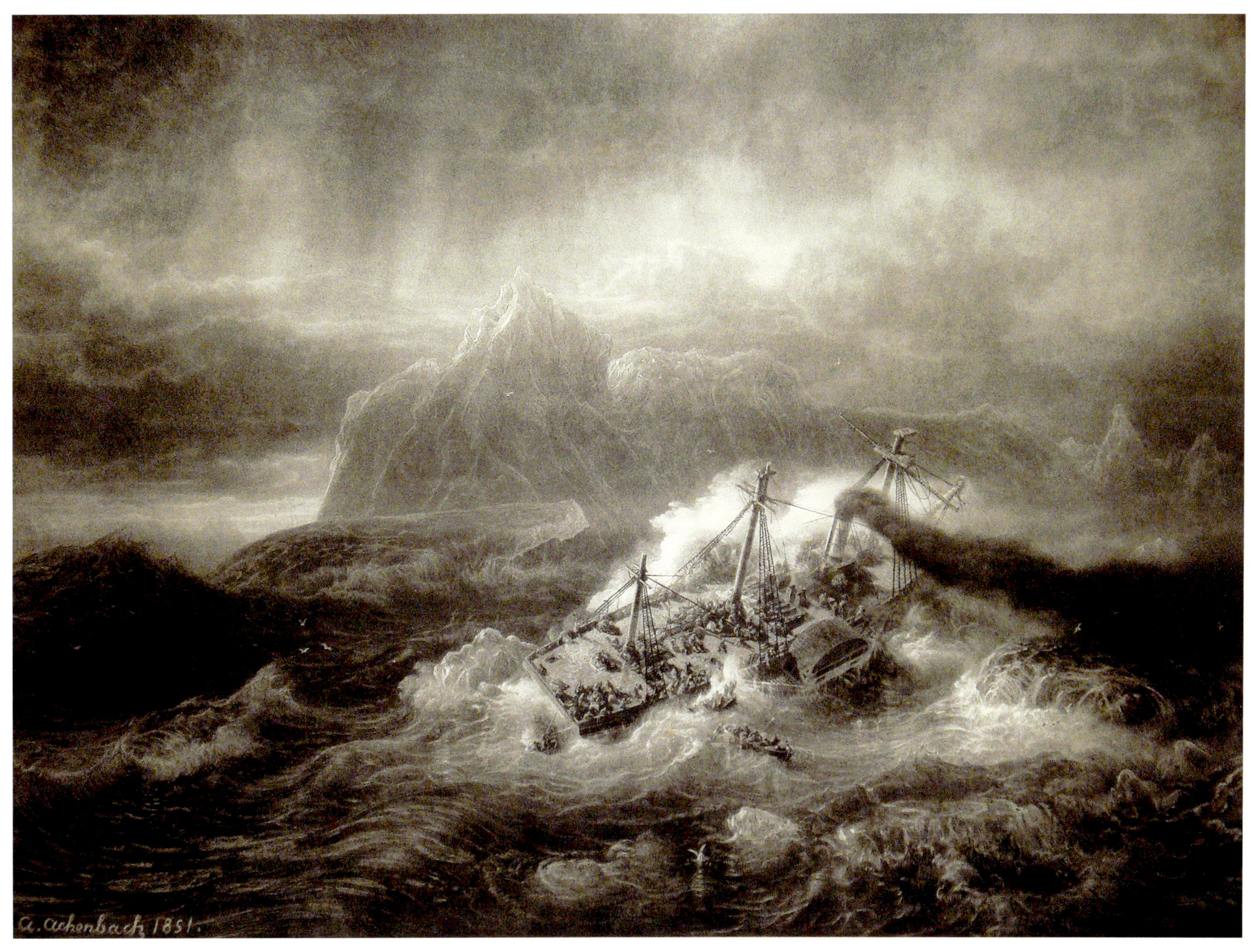

Untergang des Dampfschiffes „Der President"

55,6 cm x 77,2 cm
l. u. sign. u. dat. 1851
Lithographie auf Chine Collé
Boetticher Nr. 54

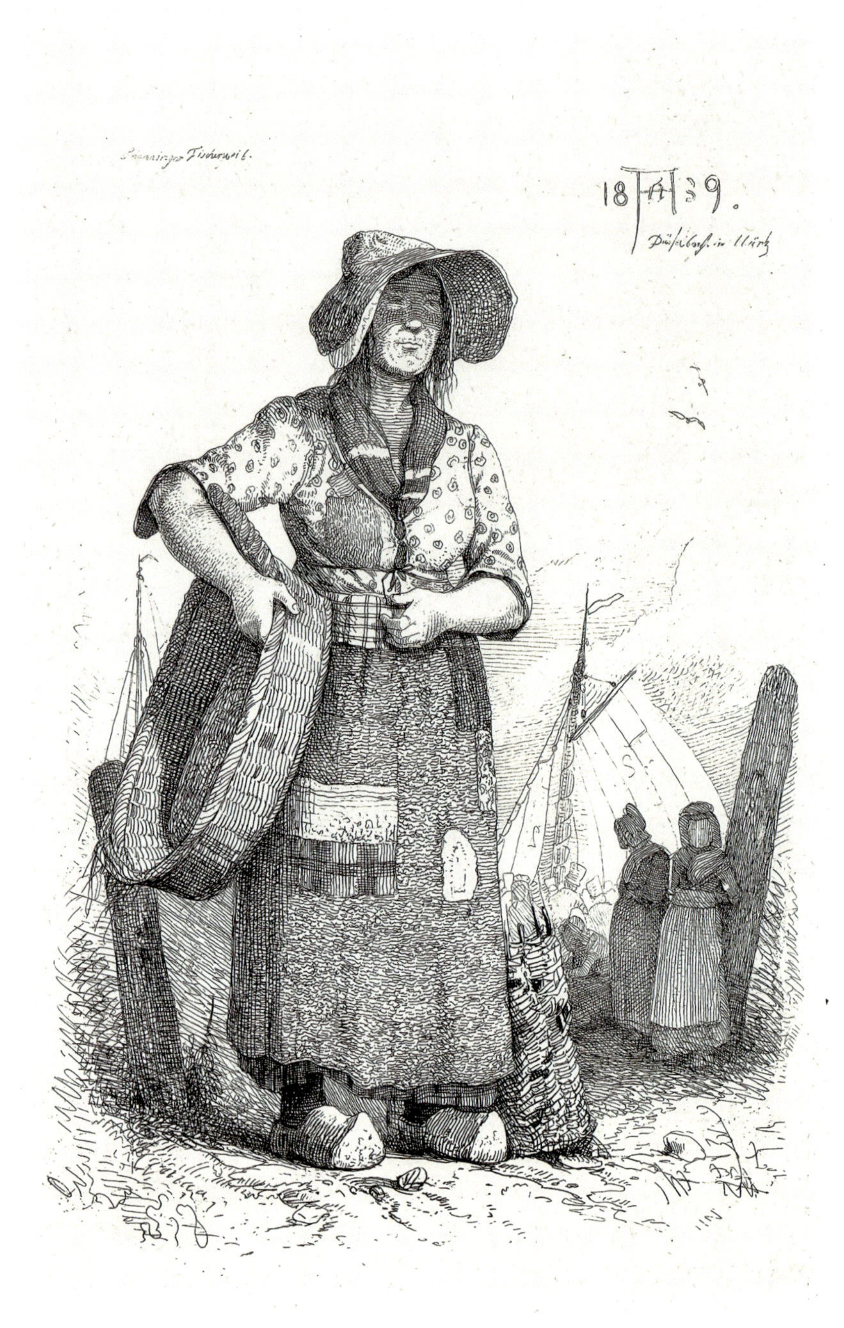

Scheveninger Fischerweib

19,2 cm x 13 cm
r. o. monogr. bez. u. dat. 1839
Radierung

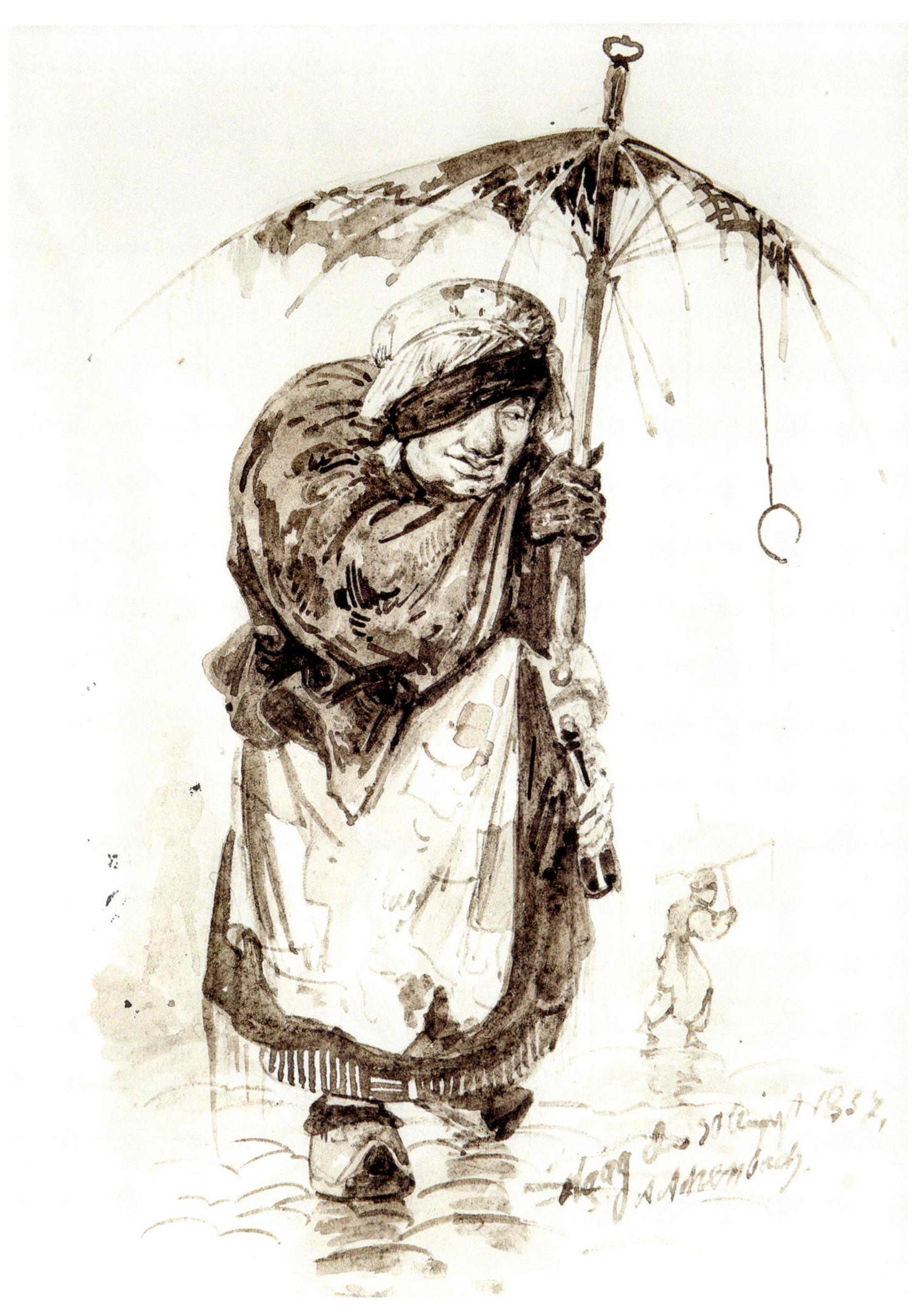

23,4 cm x 17,3 cm
r. u. sign. u. dat., Haag, 30. August 1837
aquarellierte Tuschezeichnung auf Papier

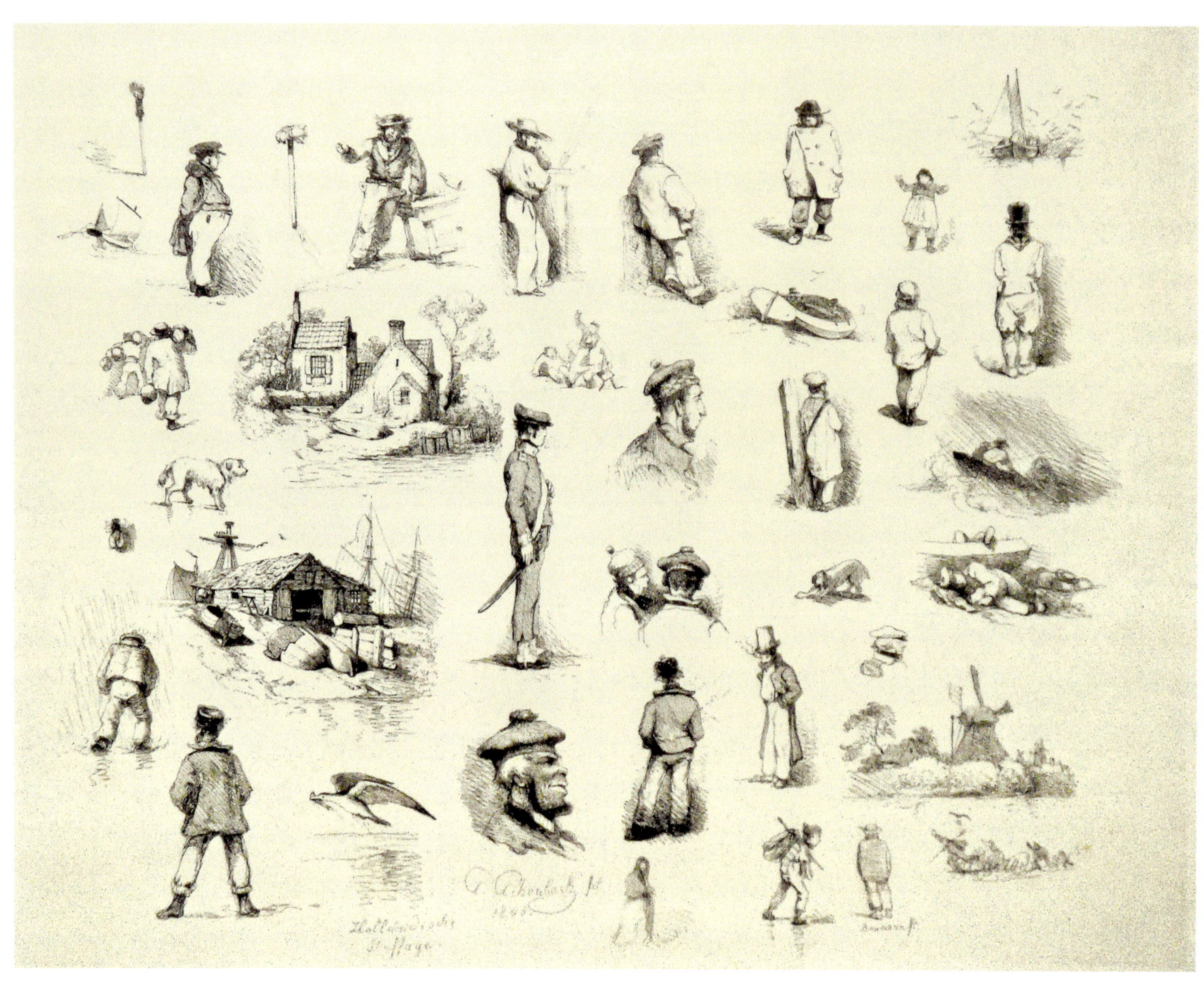

HOLLÄNDISCHE STAFFAGE I

25,5 cm x 32,5 cm
M. u. sign. u. dat. 1843
l. u. beschriftet: Holländische Staffage
Radierung

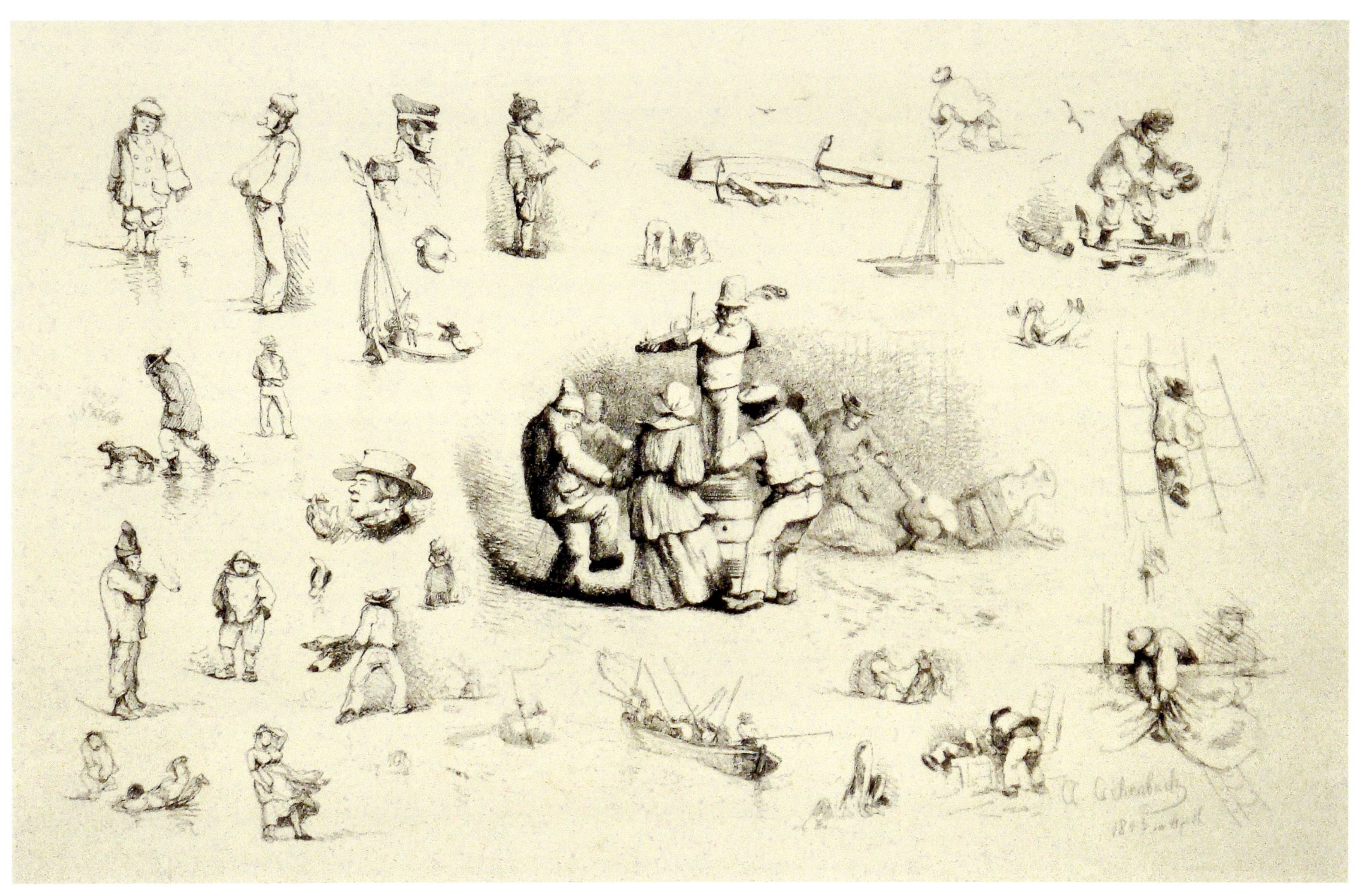

HOLLÄNDISCHE STAFFAGE II

21,1 cm x 32,9 cm
M. u. sign. u. dat. 1843 im April
Radierung

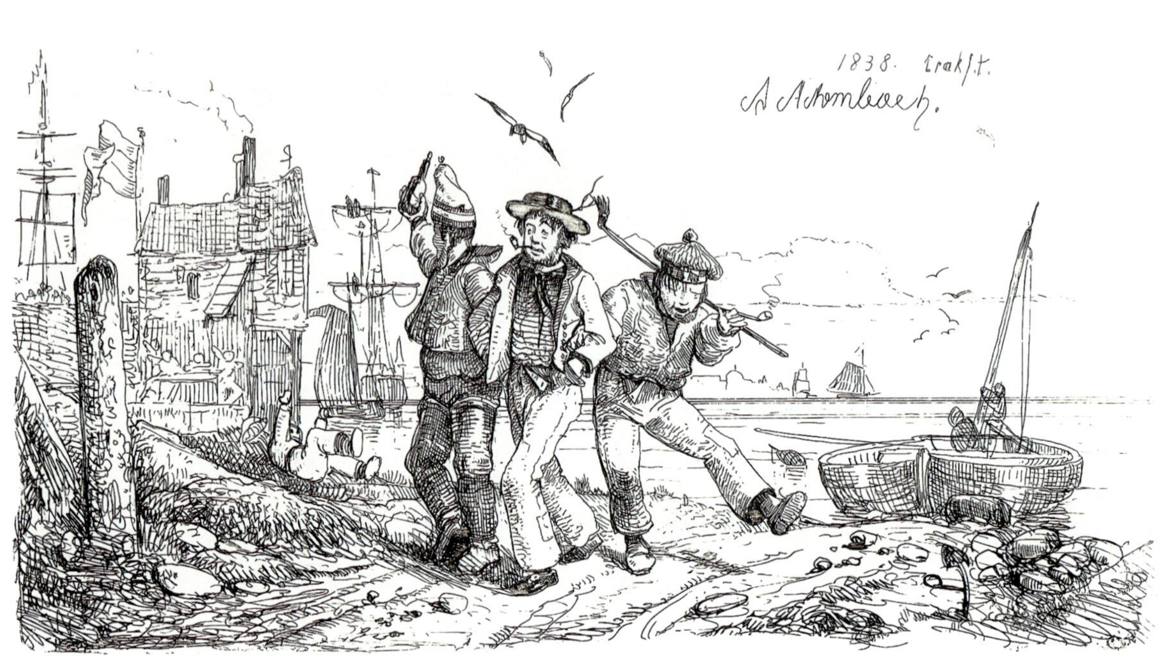

1838. Frakf.t.
A Achenbach.

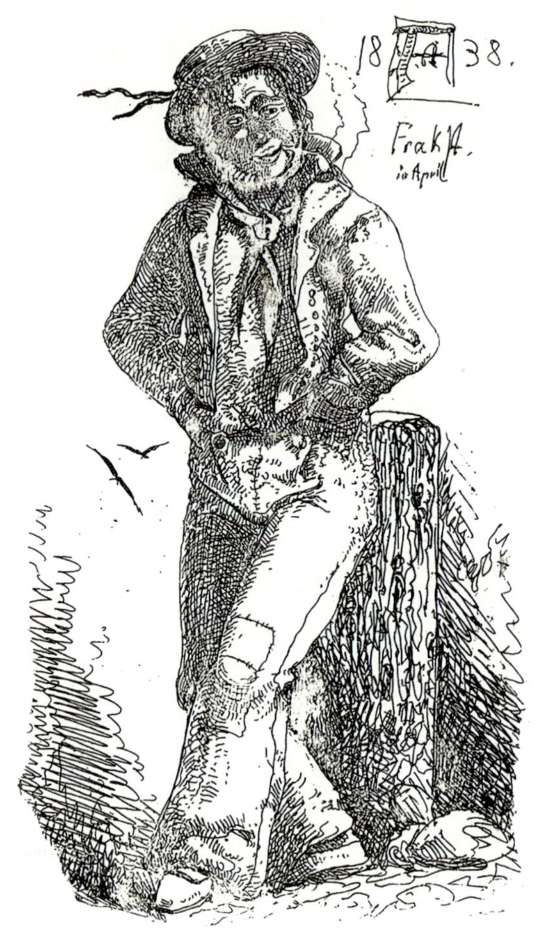

18 38.
Frakf.t.
im April

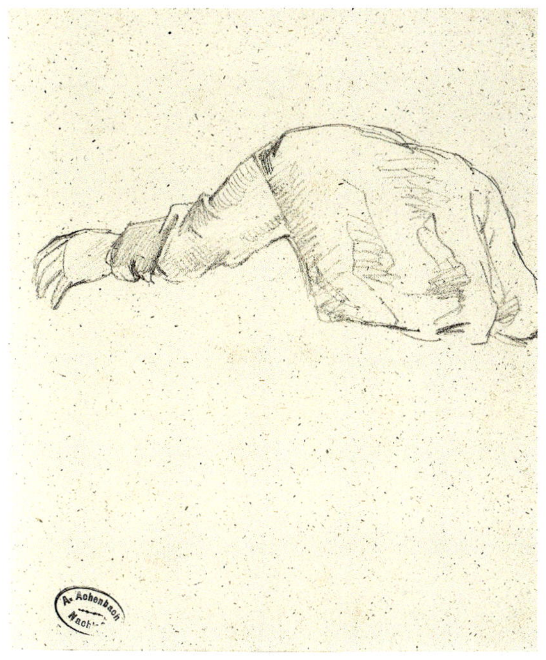

10,6 cm x 15,7 cm

18 cm x 15,2 cm

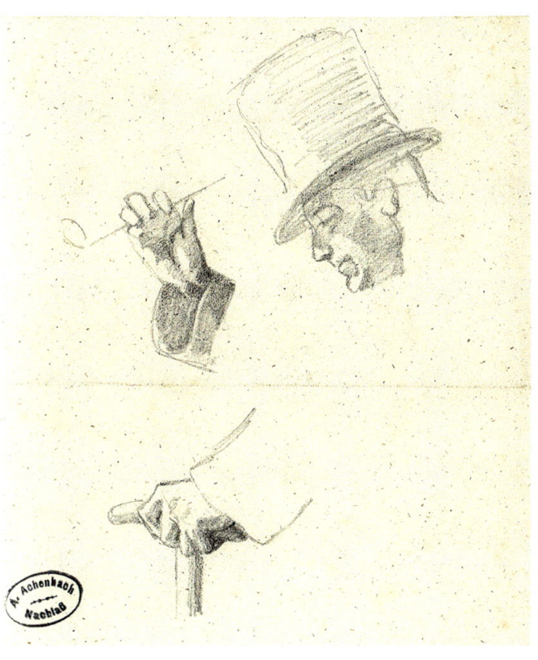

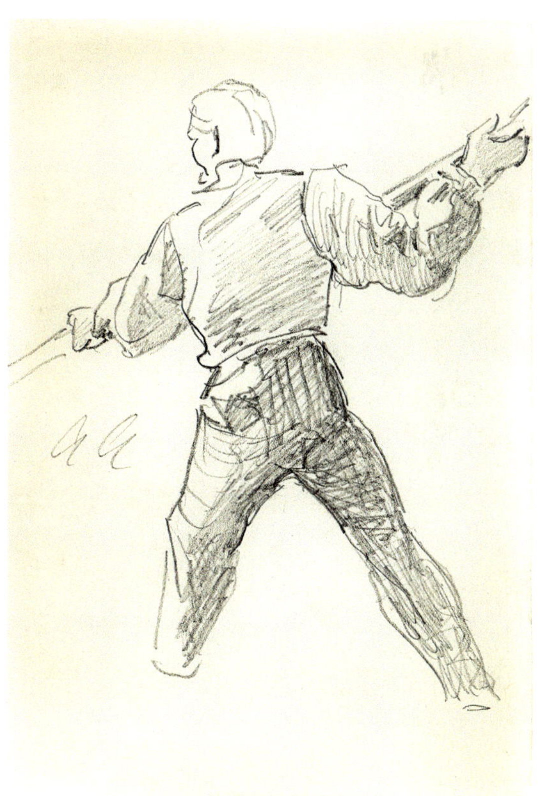

16 cm x 13,6 cm

15 cm x 10,6 cm

Studien

monogrammiert oder mit Nachlassstempel
Bleistift auf Papier

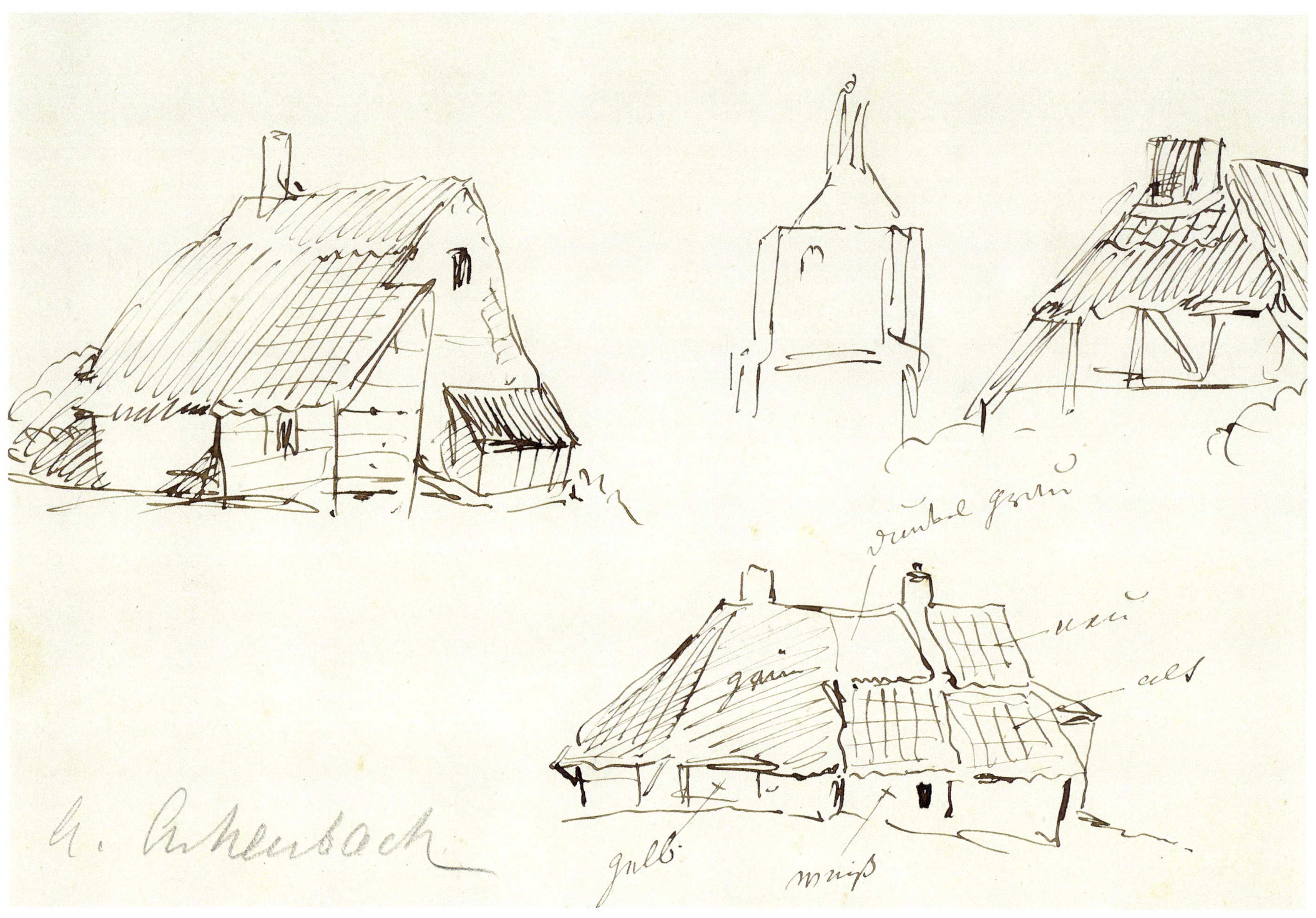

12,5 cm x 19 cm
l. u. sign., undat.
Tusche auf Papier
mit Farbangaben in der Studie

82

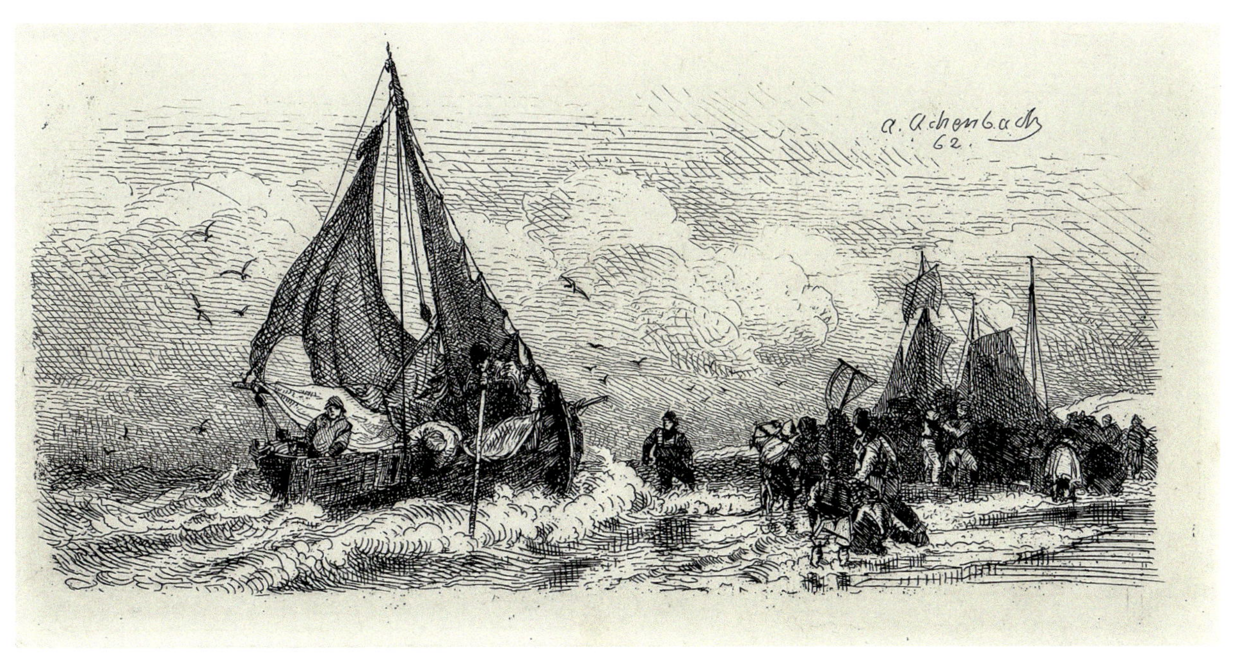

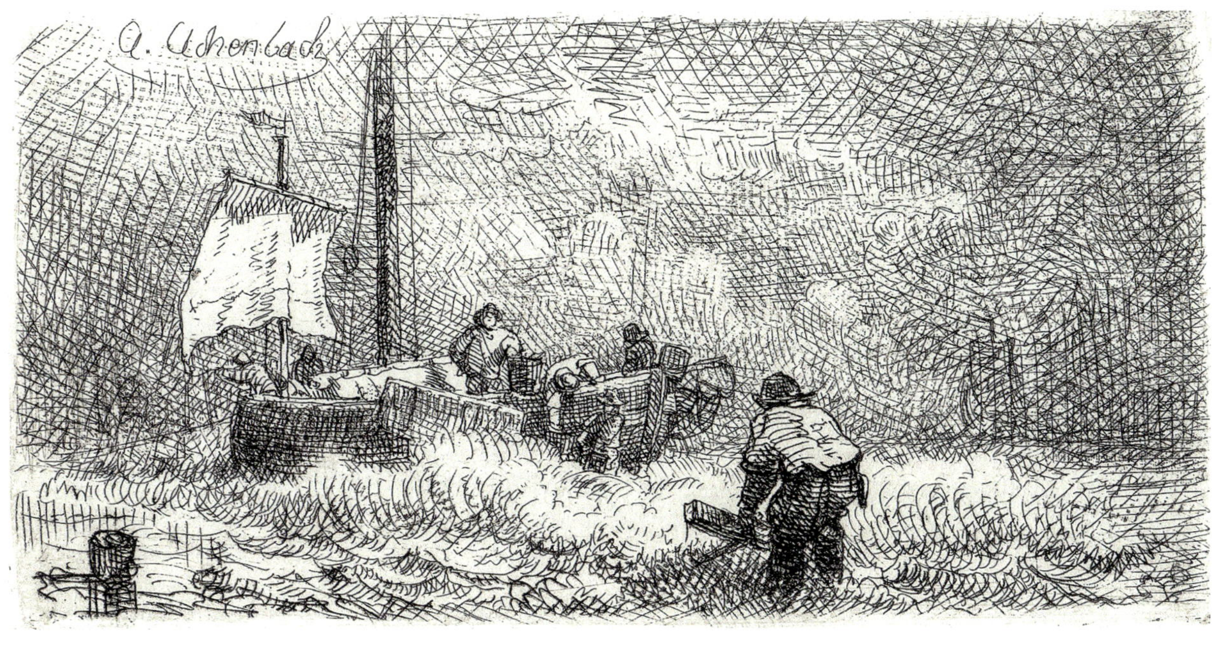

ANLANDENDES **F**ISCHERBOOT

9,2 cm x 16,8 cm
r. o. sign. u. dat. (18)62
Radierung

ANLANDENDES **F**ISCHERBOOT

5 cm x 10 cm
l. o. sign. u. dat. (18)50
Radierung

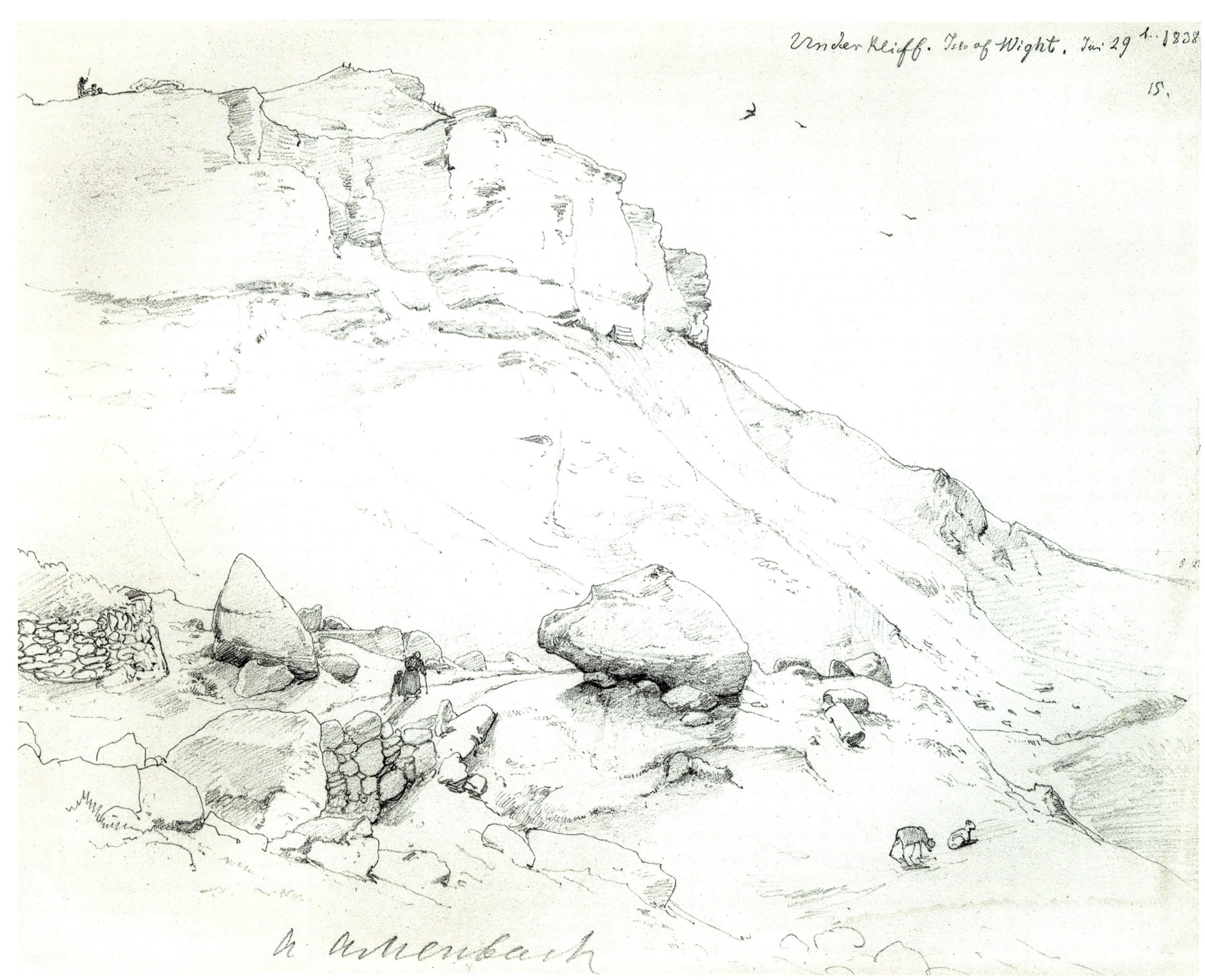

ISLE OF WIGHT, UNDERKLIFF

24,3 cm x 30,7 cm
l. u. sign. u. r. o. bezeichnet u. dat. 29. Juni 1838
Bleistift

84

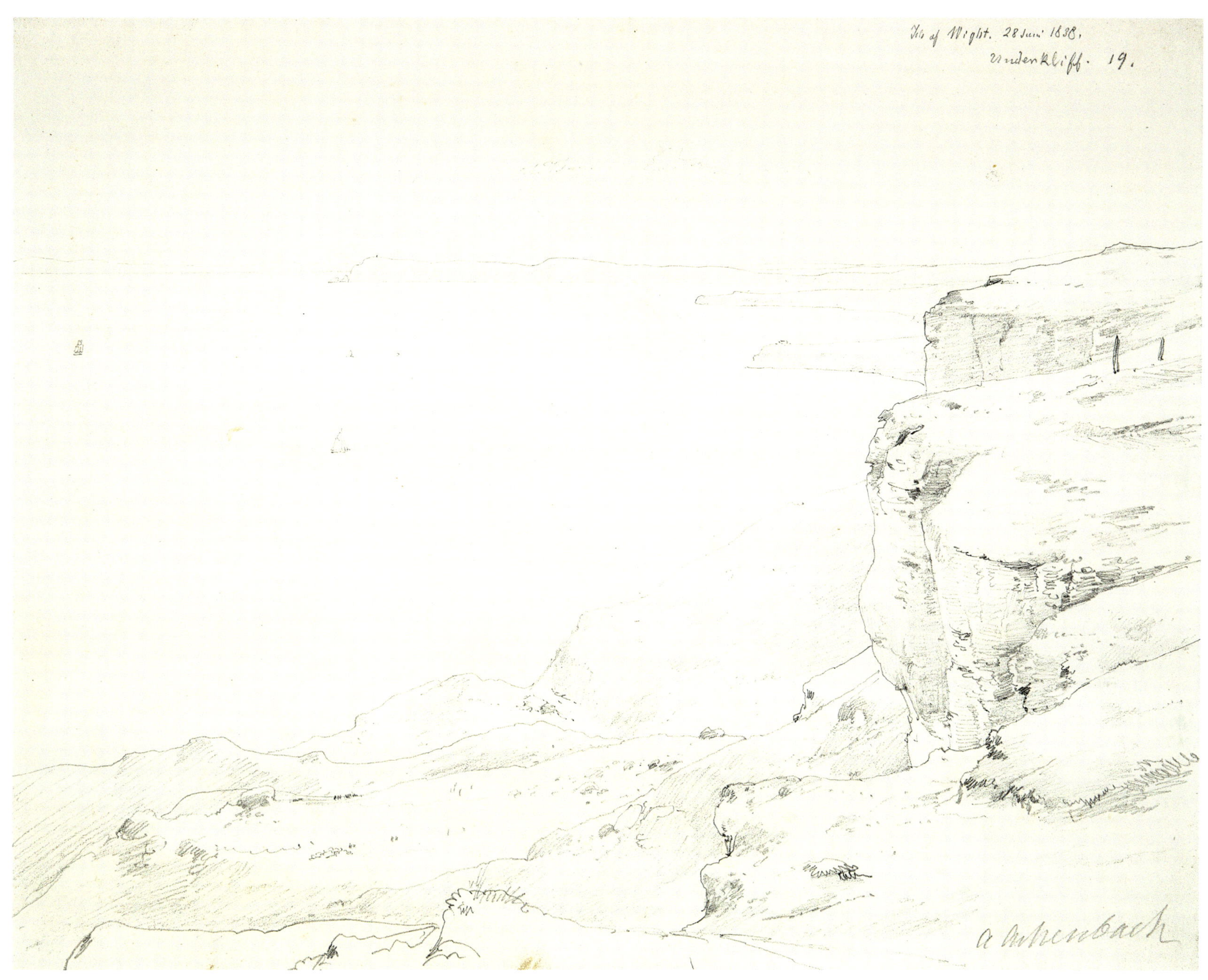

ISLE OF WIGHT, UNDERKLIFF

26,4 cm x 34 cm
r. u. sign. u. r. o. bezeichnet: Isle of Wight, Underkliff, dat. 28. Juni 1838
Bleistiftzeichnung

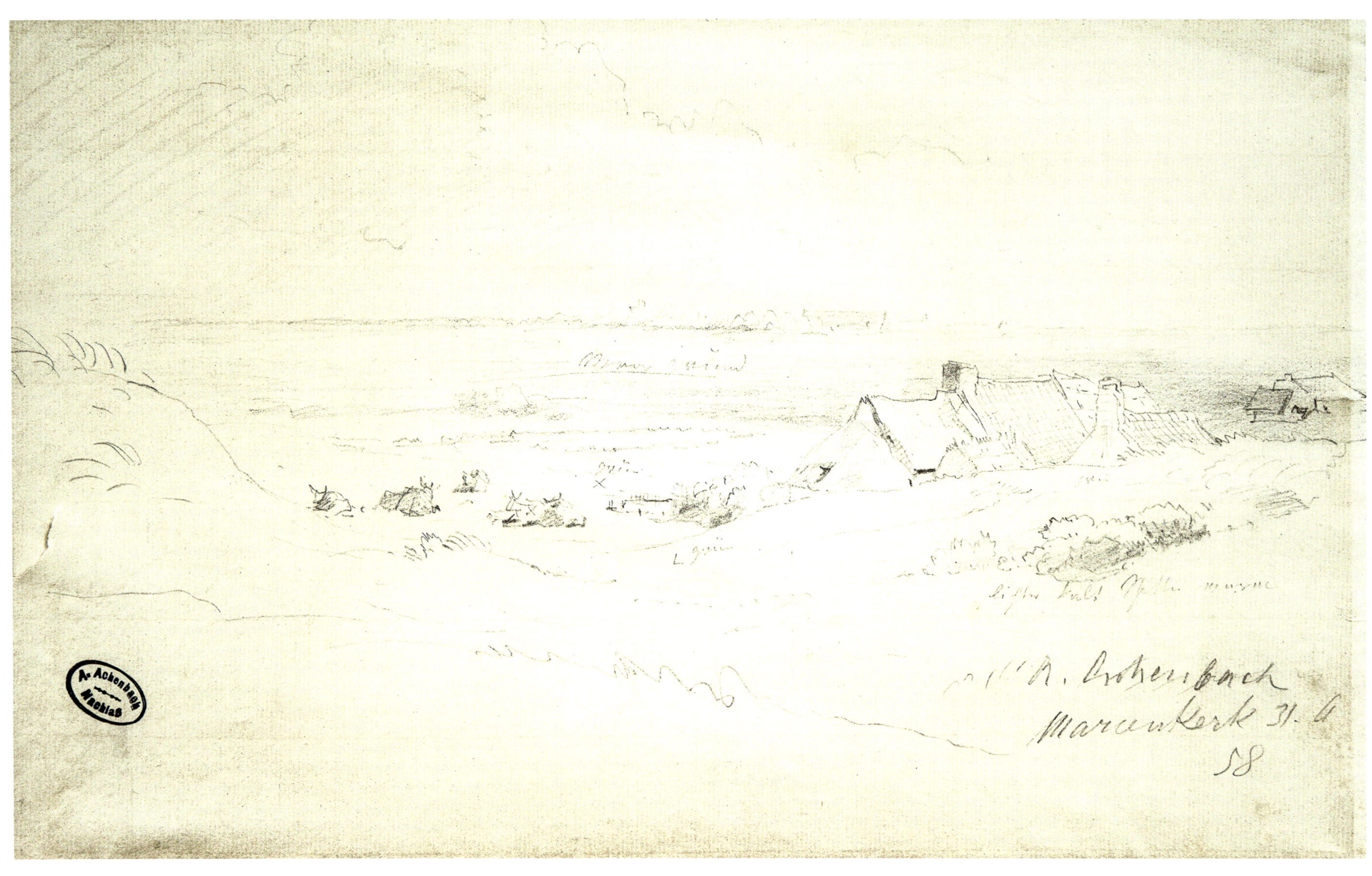

Küste bei Mariakerk

20,6 cm x 33,8 cm
r. u. sign. u. dat. 31.4.(18)58
Bleistift auf Papier
l. u. Nachlassstempel
in der Zeichnung Farbangaben Achenbachs für die spätere Umsetzung im Atelier

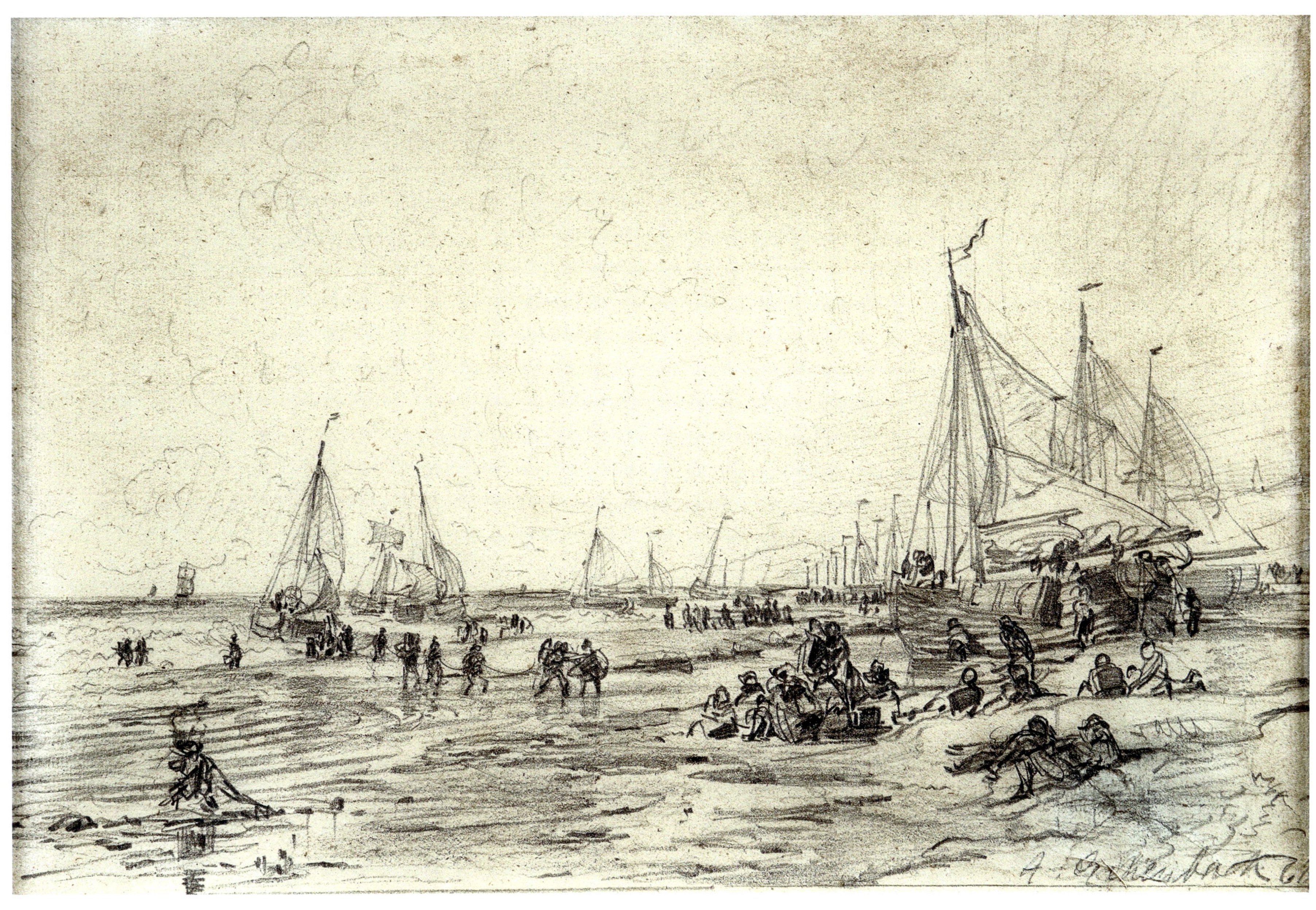

Strandszene – Scheveningen

22 cm x 34,8 cm
r. u. sign. u. dat. (18)61
Bleistift auf Papier

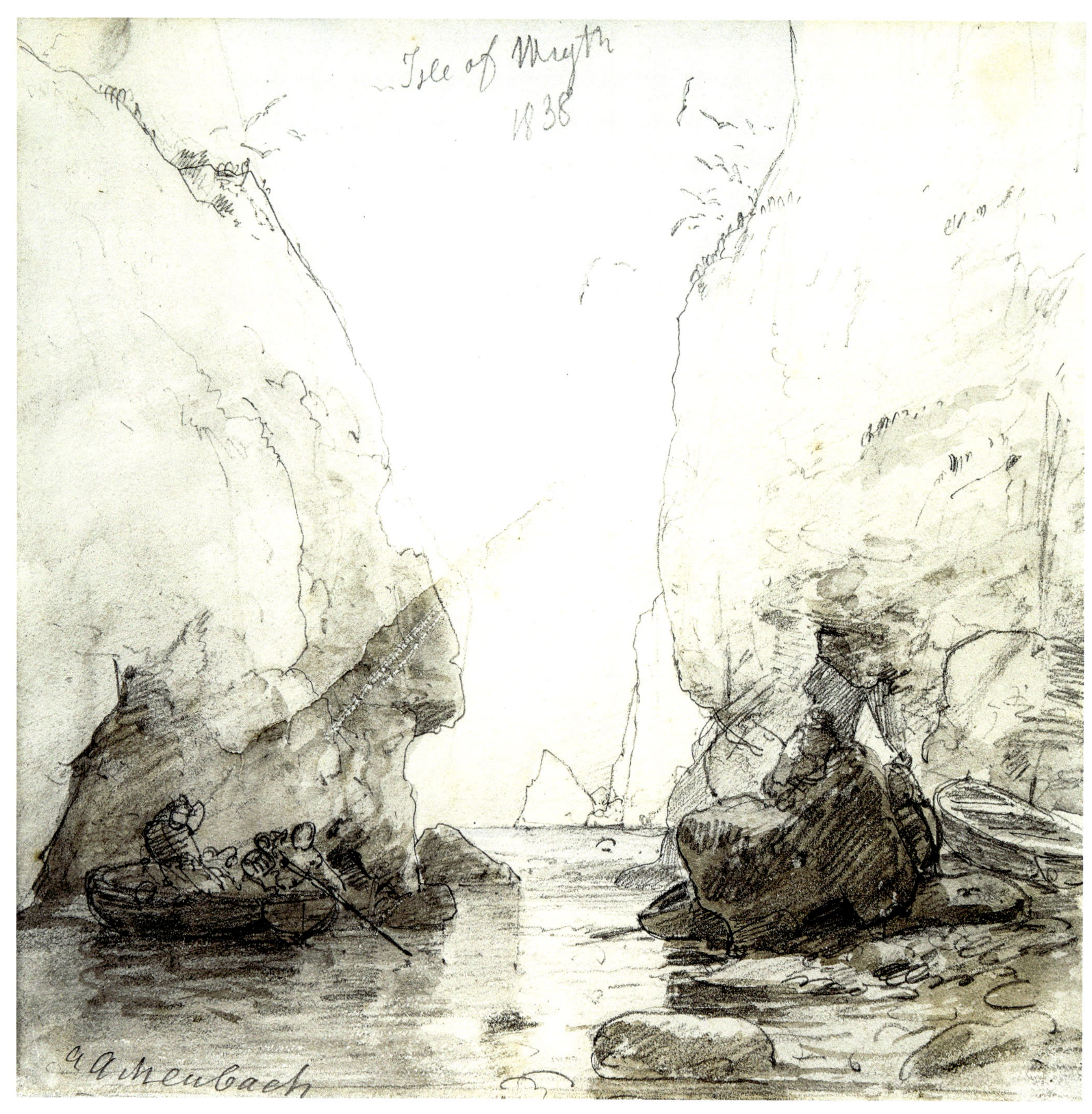

ISLE OF WIGHT

25,2 cm x 25,6 cm
l. u. sign. u. M. o. bezeichnet: Isle of Wight, 1838
Bleistiftzeichnung, graublau laviert

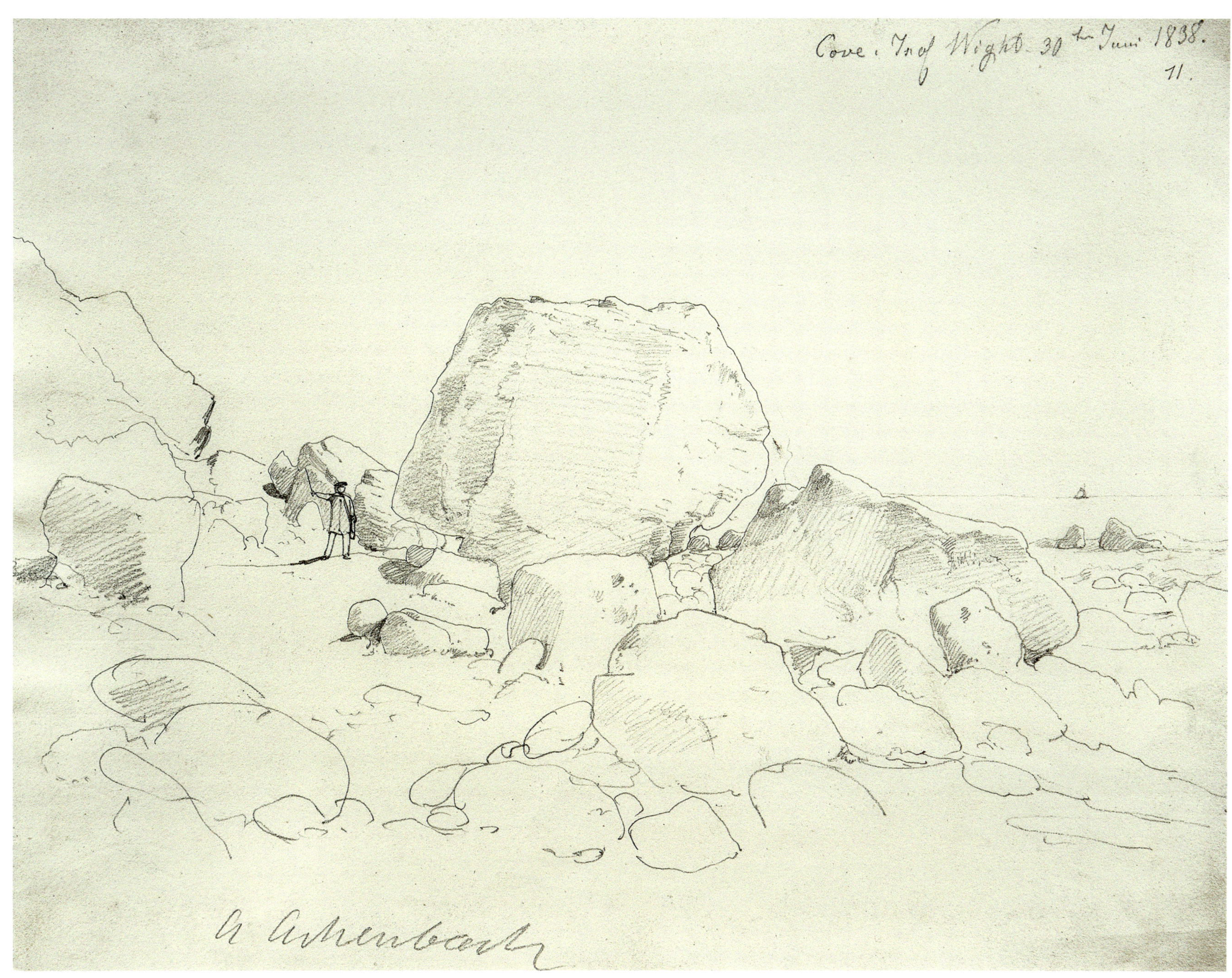

ISLE OF WIGHT, COVE

25,3 cm x 33,5 cm
l. u. sign. u. r. o. bezeichnet u. dat. 30. Juni 1838
Bleistift

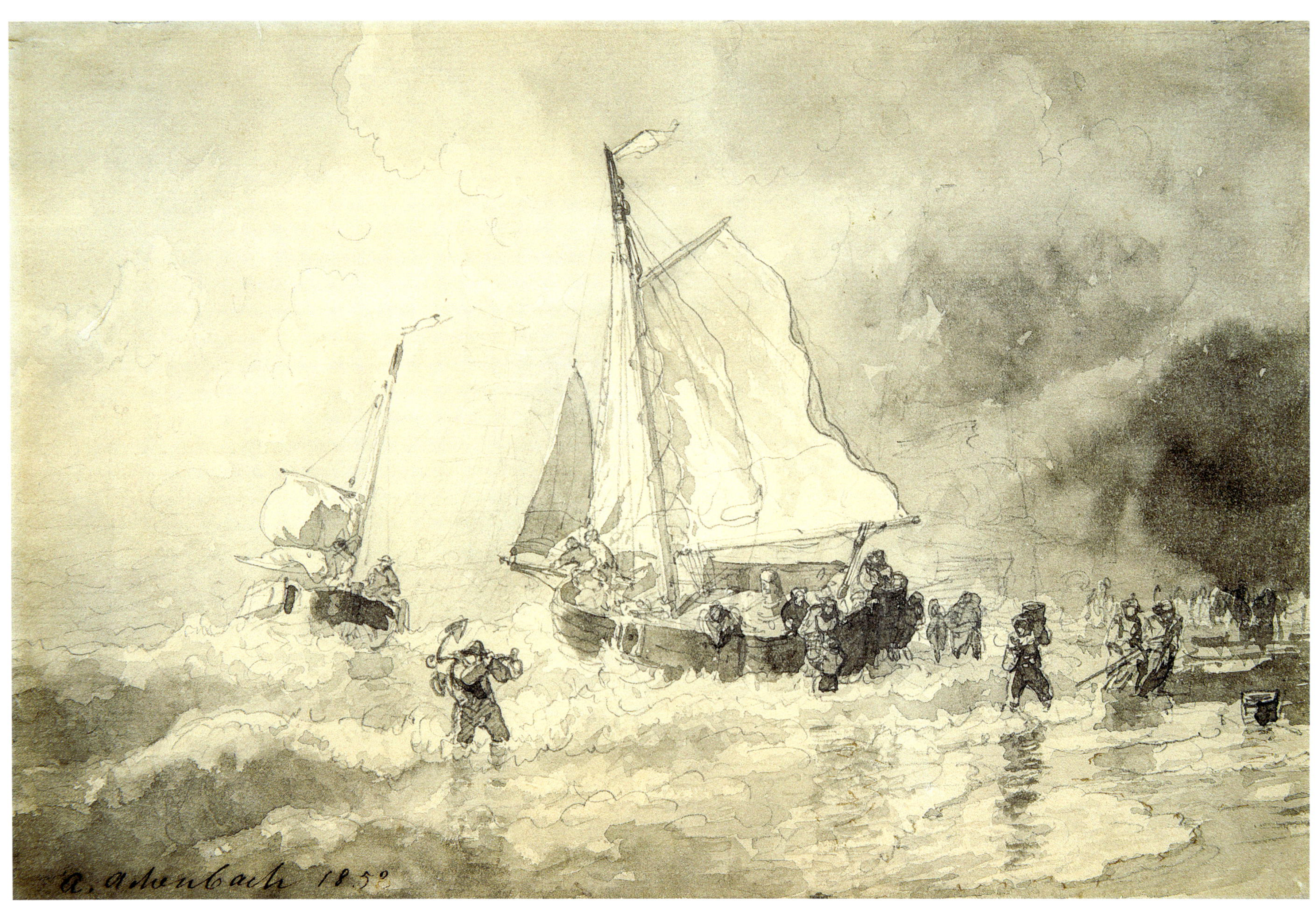

FISCHERBOOTE AM STRAND

13,6 cm x 21,4 cm
l. u. sign. u. dat. 1858
Aquarellierte Tuschezeichnung

90

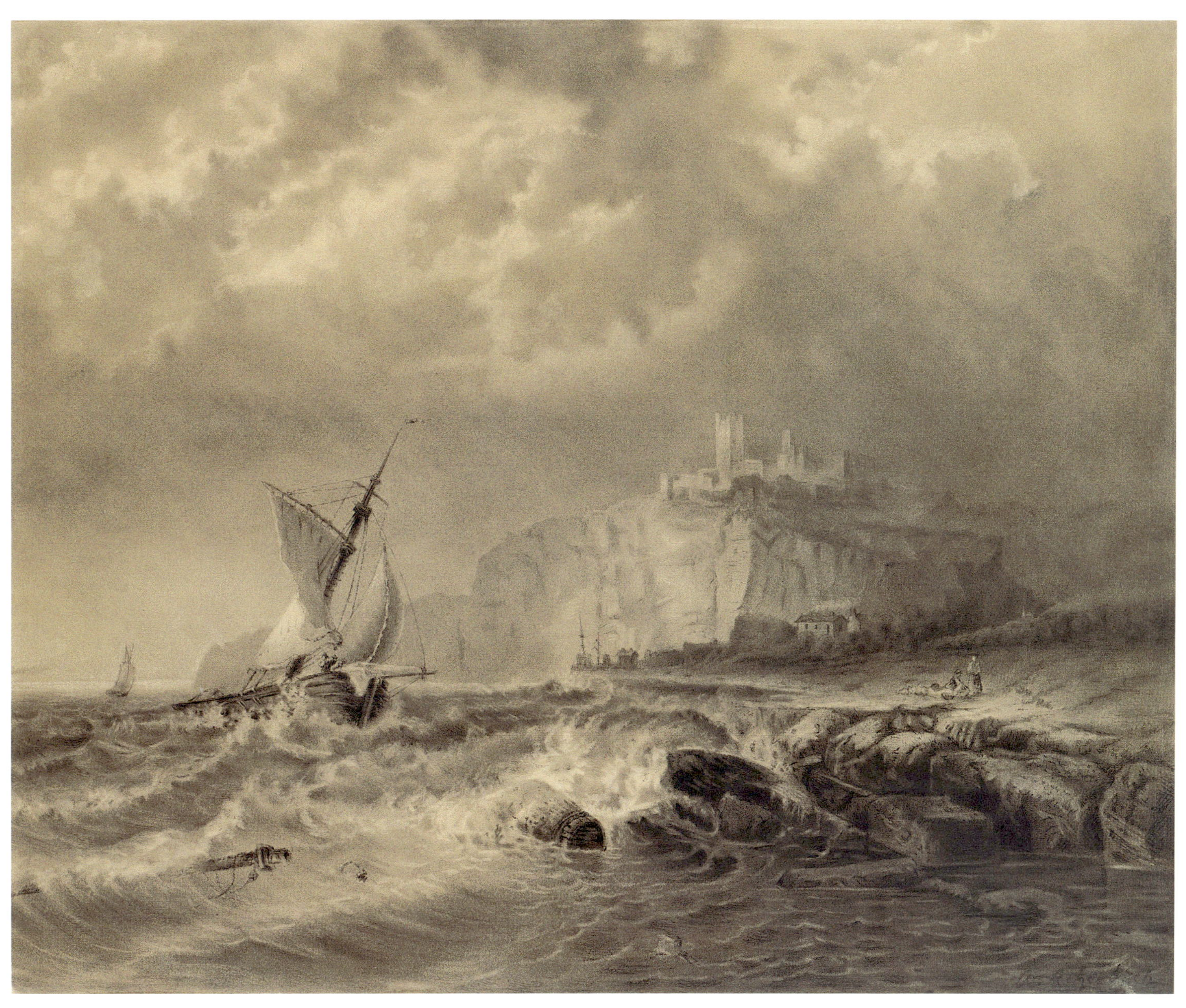

43 cm x 53 cm
r. u. sign.
Kohle auf Karton

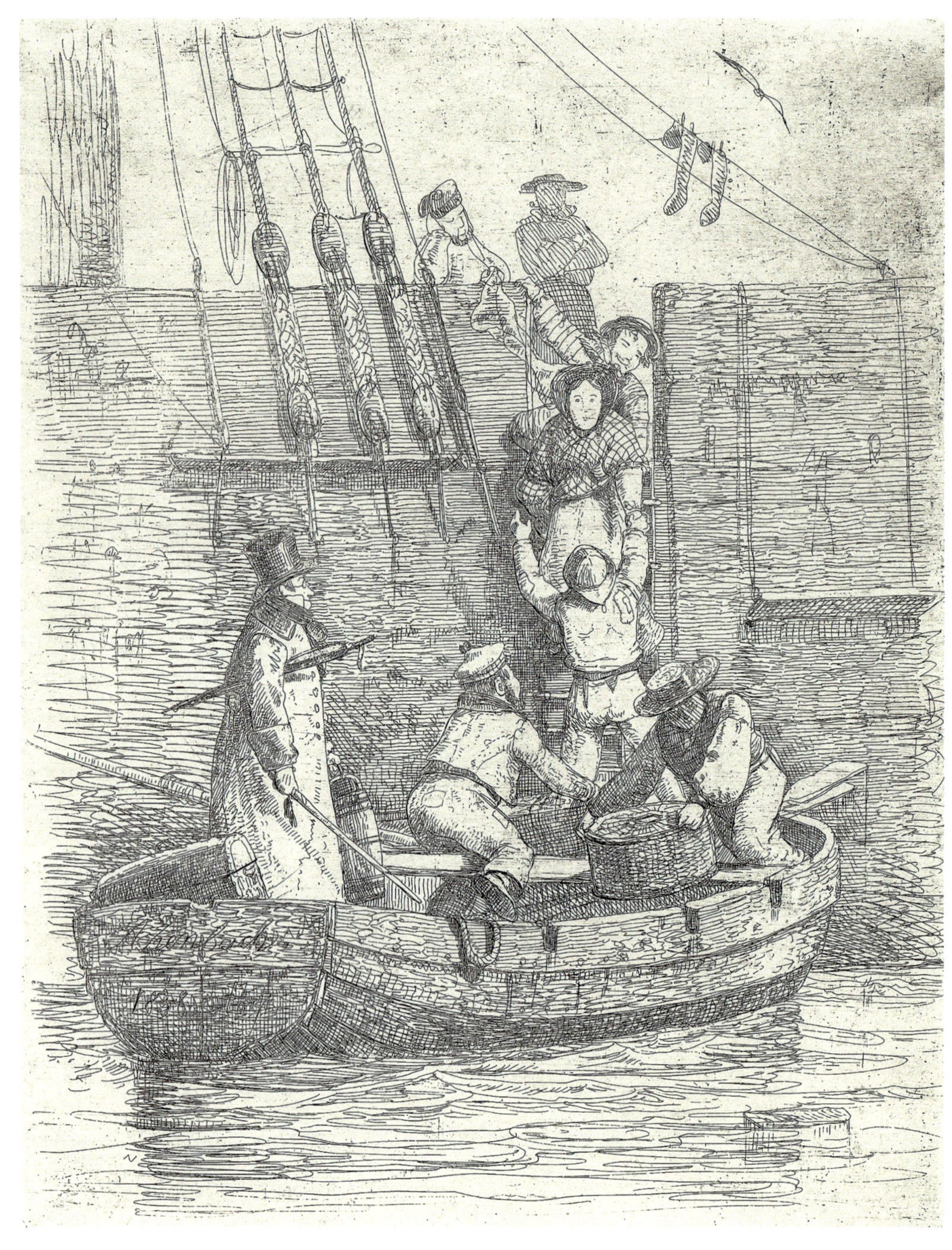

16,8 cm x 13,3 cm
auf dem Boot sign. u. dat. 1838
Radierung

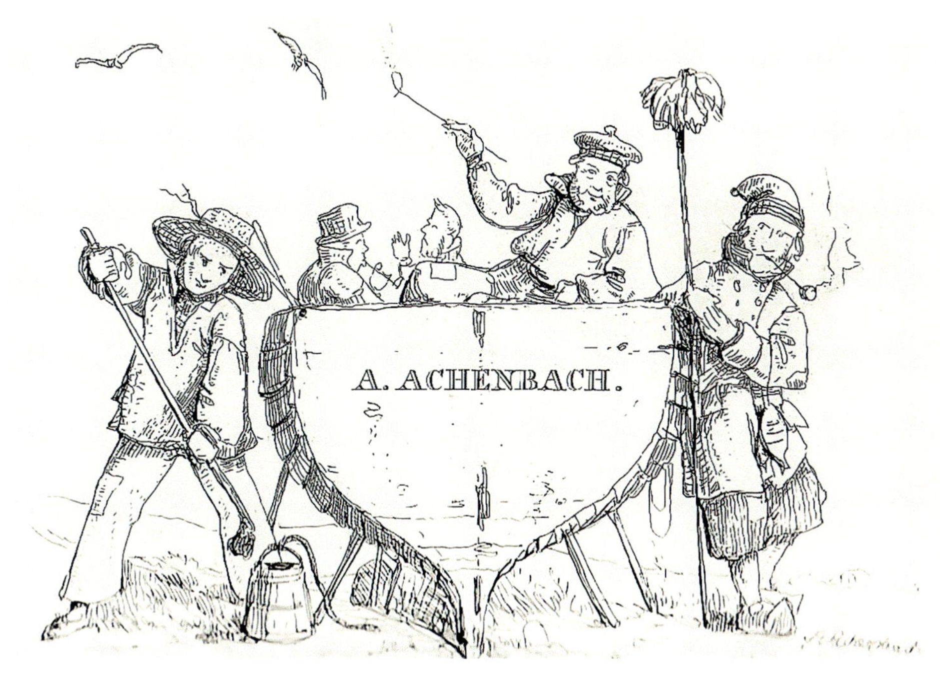

Visitenkarte

4,6 cm x 7,5 cm

r. u. sign.

Radierung

3 Seeleute reinigen das mit A. Achenbach beschriftete Boot

ca. 1838, da es in der Darstellung der Matrosen den Radierungen des gleichen Jahres entspricht

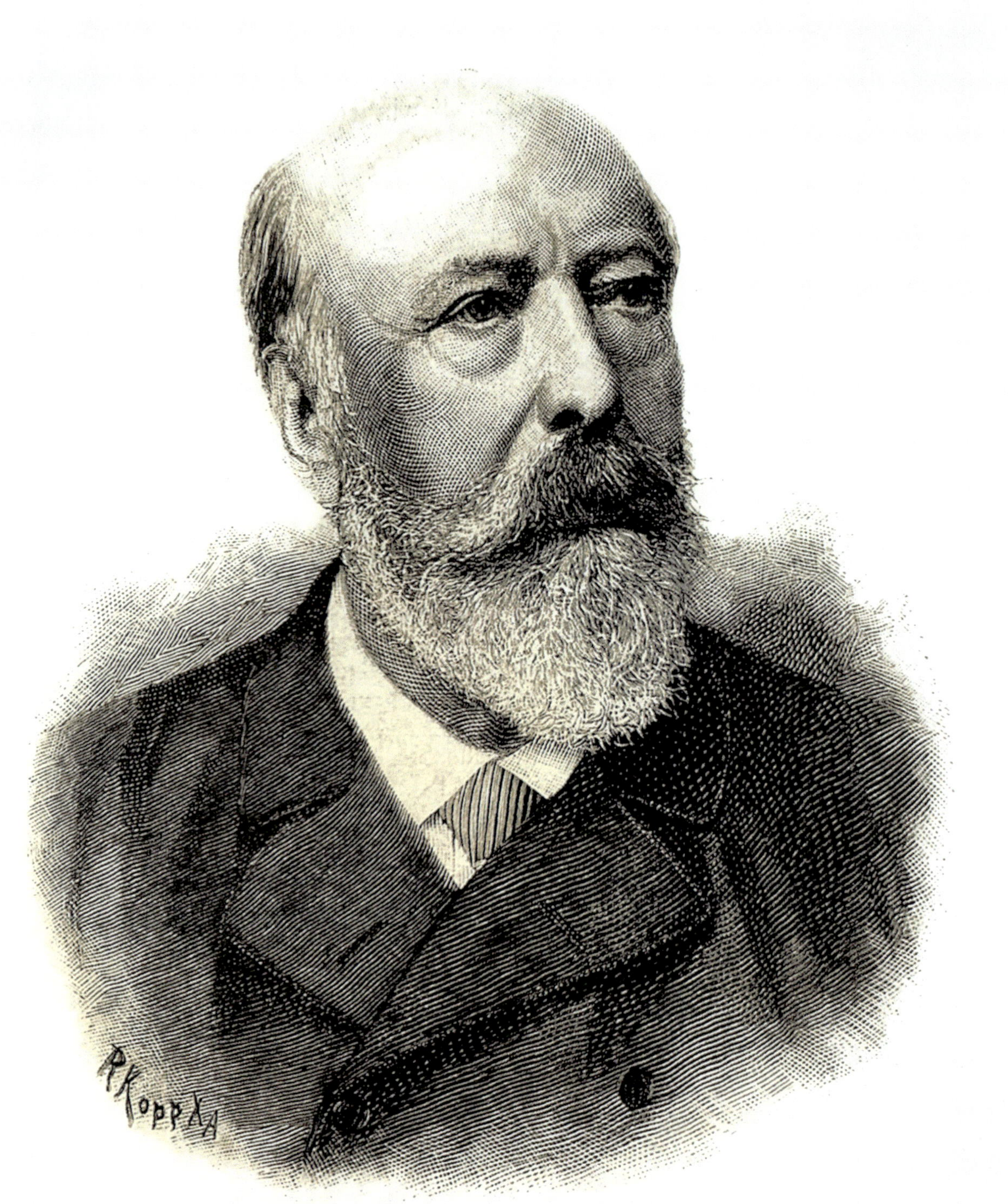

IMPRESSUM

Bildnachweis:
Alle abgebildeten Werke stammen aus der Sammlung Wolfgang Peiffer, Baden-Baden.
Fotos: alle Heinz Pelz, Karlsruhe
mit Ausnahme der Abbildung „Dreimaster im Wind", Galerie Gerda Bassenge, Berlin

© 2021
Michael Imhof Verlag GmbH & Co. KG
Stettiner Straße 25 | D-36100 Petersberg
Tel.: 0661/2919166-0 | Fax: 0661/2919166-9
www.imhof-verlag.de | info@imhof-verlag.de

Reproduktion und Gestaltung: Anja Schneidenbach, Michael Imhof Verlag
Lektorat: Dorothée Baganz, Michael Imhof Verlag
Druck: Grafisches Centrum Cuno GmbH & Co. KG, Calbe

Printed in EU
ISBN 978-3-7319-1154-8

Umschlagabbildung vorne: Detail aus Abb. S. 24
Umschlagabbildung hinten: wie Abb. S. 94
S. 2: Detail aus Abb. S. 25
S. 4: Detail aus Abb. S. 42
S. 6: Detail aus Abb. S. 27
S. 12: Detail aus Abb. S. 23
S. 20: Detail aus Abb. S. 47
S. 94: Andreas Achenbach, Porträt zum 70. Geburtstag. Illustrirte Zeitung vom 28. September 1885.